Jintaro Omura

Tokio - Berlin

Von der japanischen zur deutschen Kaiserstadt

Jintaro Omura

Tokio - Berlin
Von der japanischen zur deutschen Kaiserstadt

ISBN/EAN: 9783337360559

Hergestellt in Europa, USA, Kanada, Australien, Japan

Cover: Foto ©ninafisch / pixelio.de

Weitere Bücher finden Sie auf **www.hansebooks.com**

Tokio – Berlin.

Von der japanischen zur deutschen Kaiserstadt.

Von
Jintaro Omura,
Professor an der Kaiserlichen Adelsschule zu Tokio.

Mit 80 Illustrationen.

Berlin 1903.
Ferd. Dümmlers Verlagsbuchhandlung.
Das Recht der Übersetzung in fremde Sprachen ist vorbehalten.

Frau
HELENE VENN
geb. KRAWEHL
in **Berlin**
in aufrichtiger Verehrung

Der Verfasser.

Vorwort.

Das Buch eines Japaners, von ihm in deutscher Sprache und, wie man hinzusetzen darf, auch in deutscher Art abgefaßt: nichts zeigt uns mehr die engen geistigen Verbindungen zwischen dem Lande eines Humboldt und Kant und dem fernen Reiche der aufgehenden Sonne! Und dieser Fremdling, der mit scharfem Auge Menschen, Landschaften und Dinge prüft und mit sicherer Hand schildert, er weilte verhältnismäßig bloß kurze Zeit unter uns, um hier seine Anschauungen über deutsches Leben und Weben zu vertiefen, die er in seiner Heimat bereits aus Büchern gewonnen. Mit erstaunlicher Leichtigkeit bedient er sich unserer Sprache, ein so gewandtes Deutsch schreibend, daß dem Unterzeichneten nur hier und da eine ganz leichte stilistische Retouche übrig blieb. Ja, die ersten Abschnitte waren in deutscher Fassung bereits auf dem Schiff entstanden, ehe unser Reisender je deutschen Boden betreten.

Freilich hatte Professor Omura sich schon in Japan viel mit deutschem Wissen und den Geheimnissen unseres Sprachschatzes beschäftigt und hat als Lehrer an der Kaiserlichen Adelsschule in Tokio, die zum japanischen Kaiserhofe gehört, auf diesen Gebieten eine rege und fruchtbringende Tätigkeit entfaltet, ebenso an der Deutschen Schule (Doidsugaku Kiohaigaku), einem Gymnasium, das an tausend (japanische) Schüler zählt. Eine deutsche Grammatik unseres Gelehrten erlebte binnen sechs Jahren über 20 Auflagen, woraus am besten die weite Verbreitung unserer Sprache im meerumbrausten japanischen Insellande hervorgeht.

Möchte sein Buch: »Tokio–Berlin« uns und unserer Heimat neue Freunde erwerben in dem zielbewußt emporstrebenden japanischen Reiche, wie es – des darf man gewiß sein – seinem Verfasser bei uns warme Zuneigung für seine liebenswürdige Persönlichkeit und sein ernstes Streben erringen wird. Möchte das Buch ein neues Bindeglied bilden zwischen den beiden so fernen und doch in manchen Zügen viel Gemeinsames aufweisenden Völkern!

B e r l i n, im Frühjahr 1903.

Paul Lindenberg.

Inhalt.

		Seite
Vorwort		V
I.	Abschied und Abfahrt von Tokio–Yokohama	1
II.	Kobe	9
III.	Nagasaki	11
IV.	Shanghai	17
V.	Hongkong	39
VI.	Singapore	51
VII.	Penang	67
VIII.	Colombo	71
IX.	Aden	93
X.	Suez und der Suez-Kanal	108
XI.	Port Said	118
XII.	Neapel	124
XIII.	Allerlei Heiteres und Ernstes aus dem Leben auf dem Schiffe	131
XIV.	Genua	188
XV.	Mailand	196
XVI.	Fahrt durch die Schweiz	206
XVII.	Die ersten Eindrücke in Berlin	209
XVIII.	Aufruf an unsere Jugend	227

I.
Abschied und Abfahrt von Tokio–Yokohama.

Am 6. April des vorvergangenen Jahres trat ich die langersehnte Fahrt nach Europa und damit meine erste große Seereise an. Mit Tagesanbruch stand ich auf, verabschiedete mich von meiner Familie und fuhr dann in Begleitung meiner Verwandten und Freunde nach dem Bahnhof Shinbashi. Kopf an Kopf stand dort die Schar meiner Freunde und Schüler. »Gute Reise!« »Frohe Fahrt!« »Glückliche Wiederkehr!« – so umbrauste es mich von allen Seiten. Das Verabschieden wollte fast kein Ende nehmen, bis ich mich durch die spalierbildenden Reihen meiner lieben Schüler durchdrängte und den Waggon bestieg. Da schlug es halb sieben, ein schriller Pfiff ertönte, und unter den lebhaften Abschiedsgrüßen der Zurückbleibenden setzte sich der Zug in Bewegung. Lange noch lehnte ich aus dem Fenster meines Coupés und schwenkte meinen Hut, bis ich niemand mehr erkennen konnte.

Nach dreiviertel Stunden kam ich in Yokohama an, wohin mir ein großer Teil meiner Tokioer Freunde das Geleit gab. Auch dort auf dem Bahnhof dieselben herzlichen Auftritte wie in Shinbashi – hier wie dort Schüler und Freunde versammelt. Und nun ging's in hellen Scharen nach dem Hafen, wo der Reichspostdampfer »König Albert« vor Anker lag. Auf der mehrere tausend Fuß ins Meer hineingebauten Landungsbrücke stand dichtgedrängt eine große Menschenmenge, durchweg Leute, die ihren nach Europa reisenden Lieben ein letztes Lebewohl zurufen wollten. Außer mir fuhren noch acht Landsleute mit: Herr Dr. Shiratori, Prof. an der Kaiserlichen Adelsschule, Herr Dr. Omori, praktischer Arzt vom Japanischen Roten Kreuz, Herr Musiklehrer Taki, Herr Takahashi, Prof. an der höheren Normalschule, Herr Tanaka, Prof. an der landwirtschaftlichen Fakultät der Universität Tokio, die Herren Studenten Saionji, Miyajima und Kato. Da alle uns bis in die Kajüte begleiten wollten, so herrschte auf der kaum einen Meter breiten Schiffstreppe solches Gedränge, daß schließlich der Eingang abgesperrt werden mußte. Ein Offizier mit zwei Matrosen stand am Fuße der Treppe Posten und ließ nur die Mitfahrenden durch. Mit dem Schlage neun wurden die Anker gelichtet. Rasselnd gingen die Ketten in die Höhe, im Tauwerke schwirrte und knarrte es, Kommandorufe der Offiziere ertönten, die Matrosen nahmen ihre Plätze ein, und unter den Klängen einer deutschen Weise glitt der mächtig dampfende Koloß langsam über die Fluten hin.

In diesem Augenblick tönte von der Brücke her das dreimalige brausende ›Banzai‹ ich stehe am Geländer und überschaue ernsten Auges und bewegten Herzens die rufende Menge. Ich schwinge meinen Hut und grüße zum letzten Male. Größer und größer wird die Entfernung zwischen dem Schiff und dem Land; noch kann ich die

Gesichter unterscheiden, noch die Stimmen vernehmen, schon aber klingt das vom Winde herübergetragene >Hurra< wie das leise Summen der Mücken, schwächer, immer schwächer und schwächer wird es, bis es schließlich ganz verschwindet. Die Gestalten der Menschen auf dem Gestade verkleinern sich mehr und mehr, ihre Umrisse werden nach und nach undeutlicher, bis sie sich in das Blaue des Meeres verlieren.

Blick auf den Hafen von Yokohama.

Alles war nun erledigt, und getrosten Mutes fuhr ich in die weite unendliche See hinaus. Befriedigt setzte ich mich auf das Sofa meiner Kajüte – und nun zog ein Bild nach dem andern im Geist an mir vorüber. Ich gedachte des heutigen ereignisreichen Tages und ging dann weiter in die Vergangenheit zurück, lebhaft stand mir wieder die Stunde vor Augen, als ich den Auftrag erhielt, nach Europa zu fahren. Das war am Ende des Jahres, am 28. Dezember 1900. Mit dem Beginn des neuen Jahrhunderts sollte ich meine Reise antreten. O, welch ein Freudentag war es, als mir der langersehnte Wunsch endlich in Erfüllung ging! Auf zwei Jahre nach Deutschland! Ich, der ich so lange mit der deutschen Sprache mich beschäftigt, der ich mich mit den deutschen Ideen und Anschauungen so vertraut gemacht hatte, ich sollte nun in dem Heimatlande dieser Sprache, dem Ausgangspunkte aller Wissenschaften und der modernen Zivilisation meine Studien weiter fortsetzen und vertiefen! Deutsche Sprache und deutsches Wesen sollte ich nun an der Quelle genauer erforschen und untersuchen können! Werden die Vorstellungen, die ich mir darüber in Japan machte, bei der unmittelbaren Berührung mit den Dingen bleiben oder vergehen? Welche Licht- und Schattenseiten sind dem deutschen Volke eigen? Welchen Einfluß wird das Leben in Deutschland auf mich ausüben? Mit welchen Kenntnissen und Urteilen werde ich den heimatlichen Boden wieder betreten? Alles Fragen, auf die ich Antwort in Deutschland selber zu erhalten hoffte. Ist auch die Zeit von zwei Jahren viel zu kurz, um obige Fragen erschöpfend zu behandeln, so hoffte ich doch, durch eine gute Einteilung und durch ein systematisches Vorgehen alles, was von Wichtigkeit ist, zu besichtigen und zu untersuchen. Möge es mir – das war mein inniger Wunsch – vergönnt sein, diejenige Befriedigung zu finden, welche der schönste Lohn für jeden ernststrebenden Menschen ist! Möge doch mein Aufenthalt in Deutschland unserem Vaterlande zum Nutzen und Segen gereichen! Mögen mir nur Tage ungetrübten Glückes und schöner Erinnerungen beschieden sein, auf daß ich diese zwei ersten Jahre des neuen Jahrhunderts zu den zwei schönsten Perlen meines Lebens zählen kann!

Japanische Landschaft zur Frühlingszeit. (Nach einem japanischen Ölgemälde.)

Blick auf den Fujiyama. (Nach einem japanischen Ölgemälde.)

Und weiter träumte ich, immer weiter. Die Abschiedsaudienz, die höchste Auszeichnung, die der allergnädigste Landesherr, S. Majestät der Kaiser, mir zuteil werden ließ – der Besuch des heiligen Tempels der kaiserlichen Ahnen und Vorfahren, woselbst mir der heilige

Trank gereicht wurde – das Gefühl der höchsten Dankbarkeit und tiefsten Ergebenheit, womit ich das kaiserliche Schloß verließ. Ununterbrochen reihten sich daran: große und kleine Abschiedsfestlichkeiten, Einladungen und Besuche, Erledigung vieler angefangener Arbeiten. Und da sehe ich mich mit einemmale wieder in den Vorbereitungen für die Reise. Ja, wache oder träume ich... was kommt denn da zur Tür herein? Aha, der Schneider mit dem dicken Schmerbauch, der Schuster mit der kahlen Platte, der bedächtige Zahlmeister des Agenten, der schlanke Bursche des Spediteurs, die sonnenverbräunten Kulis u. a. m.

Das Schiff, das sich durch alle meine Träumereien nicht hatte stören lassen, fährt ruhig weiter und macht in einer Stunde ca. 15-17 Seemeilen. Ich raffe mich jetzt auf und blicke umher und betrachte mir das, was die Liebe mir mit auf die Fahrt gegeben hat. O, was bin ich doch für ein reicher Mann! Da liegen meine zwei Handkoffer, ein paar Büchsen mit Senbei, eine Kiste mit Konserven, eine Flasche Cognak, zwei Flaschen Wein, roter und weißer, eine Flasche ungarischen Mineralwassers, drei Körbe mit Äpfeln und Apfelsinen, alles noch wild durcheinander. Ich kümmere mich nicht weiter darum, steige auf das Promenadendeck und sehe vor mir die wunderschöne Küste der Provinz Totomi liegen, von den Strahlen der eben untergehenden Sonne matt erleuchtet. Mit Hilfe des Opernglases kann ich noch die Kiefernbäume unterscheiden, die wie Zwerglein mit ausgebreiteten Händen längs des Strandes stehen. Ein recht malerischer Anblick, den ich einrahmen und nach Haus zu meinen Kindern schicken möchte! Unbeweglich verharre ich so geraume Zeit. Die Wasserdünste werden immer dicker, dunkler und dunkler färbt sich der Horizont, bis alles in Nacht und Nebel verschwindet. Nur das Rasseln der Schrauben und das Plätschern der Wogen dringt an mein

Ohr und am weiten Himmelszelt erblicke ich ein paar leuchtende Sterne.

II.
Kobe.

Straße in Kobe.

Am zweiten Tage vormittags um 9 Uhr lief das Schiff in den Hafen von Kobe ein. Ich hatte die Absicht, nach Kioto zu fahren, um Sr. Durchlaucht dem Prinzen Konoye, unserm Präsidenten, der sich zur Zeit dort aufhielt, einen Besuch abzustatten; da aber der Dampfer wider Erwarten nur bis zum Abend vor Anker lag, so mußte ich diesen Plan aufgeben. Ich beschränkte mich daher auf Anraten meines Reisegefährten, des Herrn Dr. Erdmannsdörffer – früher Lehrer am Gymnasium in Kumamoto und später an der Kadettenschule in Tokio – einen berühmten Porzellanladen Bankinzan zu besichtigen. Ich sah dort viele schöne Porzellane, welche sämtlich in der Provinz Satsuma weiß gebrannt und in Kobe fein bemalt unter dem Namen Satsumayaki sehr viel verkauft werden. Besonders fiel mir ein kleines Tellerchen auf, das mit tausenden von

Schmetterlingen bemalt war, und zwar so fein, daß man sie nur mit Hilfe einer Lupe beobachten konnte, ebenso ein kleiner Becher mit vielen hunderten spielender Knaben. Diese in Kobe bemalten Satsumaporzellane sollen in Europa einen hohen Liebhaberwert haben, meinem Geschmack sagen sie aber wenig zu, denn sie sind, meiner Ansicht nach, zu überladen. Die ungeheuer mühevolle Arbeit ist ohne Zweifel daran bewundernswert, aber das, was uns gefällt, ist das einfach Vornehme.

Mit der Besichtigung war ich gegen Mittag fertig. Es blieb mir daher noch ein halber Tag übrig; ich nutzte die Zeit am besten so aus, daß ich einen Abstecher nach Osaka machte. Osaka ist eine sehr belebte Fabrikstadt, damit ist aber auch alles gesagt. Dem Auge bietet sie nichts Besonderes dar: eine Menge Schornsteine – enge Gassen – Gräben – Kanäle – hölzerne Brücken – großes Leben auf den Straßen... das ist Osaka. – Von dem vielen Umherlaufen müde, langte ich abends in Kobe wieder an und ging sofort an Bord, wo sich zu meiner großen Freude unsere japanische Kolonie um einen Landsmann vermehrt hatte. Mit dem neuen Ankömmling, Herrn E. Otani, dem jüngeren Bruder des gleichnamigen Grafen von Higaschihonganji, waren wir also jetzt im ganzen zehn Japaner.

III.
Nagasaki.

Das berüchtigte Genkainada oder die schwarze See, der gefährlichste Teil des japanischen Meeres, war diesmal glatt wie ein Spiegel. Das volkstümlich gewordene Lied, daß selbst Vögel nicht imstande seien, über dieses schwarze Meer hinwegzufliegen – Torimo kayowanu Genkainada – traf diesmal Gott sei Dank nicht zu, denn wir kamen schon am 6. April früh morgens wohlbehalten in Nagasaki an. Hier sahen wir im Hafen je einen deutschen, französischen und russischen Kreuzer liegen; ein paar andere Kriegsschiffe ankerten so weit entfernt, daß wir die Flaggen nicht erkennen konnten. Fast gleichzeitig mit unserem Dampfer lief auch eine englische Fregatte ein, deren eherner Gruß von den im Hafen liegenden Schiffen erwidert wurde. Der Donner der Kanonen und der aufsteigende Pulverdampf, in dessen Mitte wir uns befanden, galt für uns als eine erquickende Unterbrechung der eintönigen Wasserfahrt und wir ließen unsere Augen gern an diesem Schauspiel weiden.

In Nagasaki besah ich mit meinen Landsleuten die Schiffswerft des Mitzubishikaisha, eine Privatanstalt des Baron Iwasaki. Ein Dampfer von 6000 Tonnen, der als Schwesterschiff des Sanukimaru für den Nippon-Yusenkaisha bestimmt ist, war gerade im Bau begriffen. Der Kiel war schon gelegt und die Hälfte des riesigen Rumpfes stand fertig da. Im Dock lag ein französisches Kanonenboot zur Ausbesserung. Nachdem wir die Gießerei, Schlosserei, Drechslerei, Tischlerei, kurz, alle Werkstätten der Reihe nach angesehen hatten, führte man uns in eine Schule, die eigens für die Knaben der zu dieser Schiffswerft gehörenden Beamten und Arbeiter errichtet ist. Das steinerne massive Schulgebäude ist nach englischem Muster aufgeführt und sah weit schöner aus, als manche Staatsschulen in Tokio. Die Ausstattung (Tische, Bänke, physikalische und chemische Apparate, Wandkarten u. s. w.) war gut geordnet und entsprach im großen und ganzen modernen Anforderungen. Was die Personalverhältnisse anbelangt, so konnte ich bei der Kürze der Zeit nichts Genaueres erfahren; die Schule selber scheint so gedacht zu sein, daß sie außer der Einprägung des allgemeinen Wissens die Heranbildung künftiger Fachleute für die Schiffswerft ins Auge faßt. Hoffentlich wird die Schule sich noch weiter entwickeln und gedeihen.

Blick auf Nagasaki.

Zu Mittag aßen wir in einem Teehause Geiyoro mit gutem Humor und gutem Appetit die echt japanisch zubereiteten Speisen; diese dürften wohl auf zwei Jahre die letzten sein. Wir langten also tüchtig zu und würzten das Mahl mit ein paar Fläschchen Sake. Auch das Auge blieb nicht unbefriedigt, denn uns zu Füssen dehnte sich die Stadt und weiter hin das Meer aus. Vor uns lag stolz und majestätisch auf der Rhede unser »König Albert«, der sich in der Umgebung der anderen Schiffe wie ein gewaltiger Riese ausnahm. Ob es uns auch so ergehen wird, wenn wir von Europa aus unser Vaterland betrachten? Ob unser Vaterland mit anderen europäischen Ländern verglichen uns recht groß erscheinen wird und seine Schönheiten ihnen gegenüber noch mehr hervortreten werden?

Ehe wir an Bord gingen, stampften wir wie zum letzten Gruße mit festem Tritt den heimatlichen Boden, denn Nagasaki ist ja der letzte japanische Hafen. Früh morgens, den 10. April, wurde der Anker gelichtet, und bald hatten wir das prächtige Panorama hinter uns – da plötzlich ..... ja, was war das? Welch' eine süße Weise dringt an mein Ohr? Ich blicke umher und sehe nicht allzuweit von unserem Schiff einen englischen Kreuzer vorbeifahren und auf seinem

Verdeck spielt die Musik ein Lied:

>»Hotaruno Hikari Madono Yuki
>Fumiyomu Tsukihi kasanezuzu.«

Ein japanisches Lied – auf dem englischen Schiffe? Wie kommt denn das aber? Mein Reisegefährte, Herr Musiklehrer Taki, kam mir zu Hilfe und sagte mir, daß das wohlbekannte japanische Lied nach der Melodie der englischen Nationalhymne komponiert sei. Wie in Andacht versunken stand ich auf dem Verdeck und hörte wonnetrunken den holden Klängen zu. O tönet fort, ihr süßen Himmelslieder, die ich zu Hause so manchesmal von der fröhlichen Jugend habe singen hören! »Musik im besten Sinne bedarf weniger der Neuheit, ja vielmehr je älter sie ist, je gewohnter man sie ist, desto mehr wirkt sie«, hat Goethe gesagt und er hat recht; denn die Melodie, an welche mein Ohr so lange gewöhnt ist, übte jetzt auf mich eine so große Wirkung aus – mag sie auch nach der englischen komponiert sein oder nicht, der Erfolg ist und bleibt für mich derselbe. Jetzt, wo wir von der lieben Heimat Abschied nehmen – ein japanisches Lied zu hören! Mit Entzücken lauschte ich der mehrmals wiederholten Melodie und unwillkürlich kamen mir die Worte in den Sinn, die einst Schiller gesungen:

>»Was ahnungsvoll den tiefen Busen füllet,
>Es spricht sich nur in meinen Tönen aus;
>Ein holder Zauber spielt um deine Sinnen,
>Ergieß ich meinen Strom von Harmonien;
>In süßer Wehmut will das Herz zerrinnen,
>Und von den Lippen will die Seele fliehen;
>Und setz' ich meine Leiter an von Tönen,
>Ich trage dich hinauf zum höchsten Schönen.«
>   (Huldigung der Künste.)

Der Kreuzer war längst meinen Blicken entschwunden, längst war die liebe Weise verhallt und nun blickte ich zurück, wo im Osten noch die grünen Gipfel der heimatlichen Berge emporragten, als ob sie mit ihrem Grün mir die Hoffnung zu einer glücklichen Reise einflößen wollten. In voller Begeisterung nahm ich den Hut ab, nahm in Gedanken den letzten Abschied von dem Lande, wo meine Wiege stand und wo ich mein Teuerstes gelassen. Lange verweilte ich so, bis die Gipfel, von dem Schleier des immer höher aufsteigenden Meeres umhüllt, am Horizont verschwanden. Immer und immer wieder wandte ich mich um, um mir dieses entzückende Bild und dieses Gefühl der Begeisterung unauslöschlich einzuprägen. Vor mir lag wie eine unendliche Ebene ausgebreitet das ruhige spiegelglatte Meer und über dem ewigen Meer die unendliche Bläue.

IV.
Shanghai.

Am 12. April rasselte der Anker herab. Anfangs glaubten wir die große chinesische Hafenstadt Shanghai vor uns zu haben, es war aber nur das kleine Städtchen Wu-sung, das an der Mündung des Yantsekiang liegt; eine halbstündige Dampfbootfahrt auf dem Wusungflusse, einem sehr breiten, tiefen Nebenflusse des Yantsekiang, war erforderlich, wenn wir Shanghai besehen wollten. Da der Dampfer eine große Ladung einzunehmen hatte und es uns infolgedessen vergönnt war, den ganzen folgenden Tag hier zu verweilen, so verzichteten wir auf die Bootfahrt für heute und zogen es vor, an Bord zu bleiben, um morgen in aller Frühe mit desto größerem Genuß einen Streifzug auf dem Land unternehmen zu können. Wir betrachteten vom Schiff aus mit Erstaunen den riesengroßen Strom, dessen mächtige, sich weit erstreckende Mündung eher den Namen eines Meeres zu verdienen scheint. Mehr noch als diese gewaltige Breite setzt den Fremdling etwas anderes in Erstaunen: die schmutzig-gelbe Flut. Die beiden Ufer, die infolge der großen Entfernung kaum sichtbar sind, machen die graue Wasserwüste nur noch grauer. Schon der alte chinesische Ausdruck »Shitoku«, d. h. die vier Unsauberkeiten, womit man die vier größten Ströme Chinas, den Kasui, Kosui, Waisui und Shisui, bezeichnet, beweist, daß ihr Anblick selbst den eingebornen Chinesen seit Jahrhunderten her nicht gerade angenehm war. Mit Kasui wird Hoangho oder der gelbe Fluß, mit Kosui der Yantsekiang, mit Waisui der

Whaiho und mit Shisui der Shuho bezeichnet. Das chinesische Sprichwort: »Hundert Jahre warten, bis die gelbe Flut klar wird,« womit man die Unmöglichkeit einer Sache bezeichnet, läßt uns annehmen, wie außerordentlich trübe und unrein die Schlammflut sein muß. Daß die Chinesen in den Strömen das Symbol des Unsauberen und Widerwärtigen, des Schmutzes und Abscheus sehen, ist sehr charakteristisch.

Wenn es richtig ist, daß der Charakter der Menschen von der ihn umgebenden Natur beeinflußt wird, so kann man sich nicht wundern, daß sehr viele Söhne des Reiches der Mitte so schmutzig sind. Sollten die beiden hervorstechenden Züge im Charakter der Chinesen: Unsauberkeit und Gewinnsucht, welche beide untereinander wieder in einem engeren Zusammenhang stehen, nicht in dem grauen, den Schmutz und Staub aller Jahrhunderte aufwühlenden Wasser ihren Ursprung haben? Wie der Strom – so das Volk! Und welch ein erhebendes Gefühl nun, wenn wir damit unsere heimischen Gewässer vergleichen, wo jeder Bach, Fluß oder See durchsichtig wie ein Krystall ist und so rein und ungetrübt sich hält, daß man bis auf den Grund sehen kann. Und so sind auch die Menschen. Bei uns ist die Reinlichkeit und Sauberkeit eine der größten Tugenden, die den Bürger zieren, und mit dieser Tugend verknüpft sich auch eine Reihe von schönen Eigenschaften, wie z. B. jene unsrem Volke so eigentümliche Freigebigkeit, die kein Opfer scheut und die schnöde Gewinnsucht verachtet.

Pagode bei Shanghai.

Während wir so im Freundeskreise unsere Meinungen austauschten, wurde uns ein Besuch gemeldet: Ein Herr N. vom Kajimayoko in Shanghai. Dieser Herr war eigens an Bord gekommen, um uns zu einer Besichtigung von Shanghai abzuholen. Da wir aber, wie bereits erwähnt, den Besuch der Stadt auf morgen verschoben hatten, so blieb er die Nacht bei uns an Bord zu Gast.

Am nächsten Morgen früh fuhren wir mit einem Dampfer stromaufwärts; bald tauchten die beiden flachen Ufer des Wusungflusses als schmale Streifen am Horizont auf. Allmählich kamen wir näher und nun konnten wir die Umgebung genauer ins Auge fassen. Auch hier ein ödes trostloses Grau, das mit dem Flusse zu wetteifern scheint.

Das einzig Grüne, das sich grell von dem Grau abhebt und unsere Augen einigermaßen erfreut, ist die Flußweide, die hier zwar nicht kräftig, doch hinlänglich gedeiht. Weiter oben lassen sich hier und da regellose Gebäudemassen erkennen, aus denen einige hohe Häuser mit ihren freundlichen Fenstern uns entgegenleuchten.

Nach dreiviertelstündiger Fahrt kamen wir endlich in Shanghai an. Der Wusungfluß ist hier 400 bis 500 Meter breit und so tief, daß er imstande ist, Schiffe von bedeutendem Tonnengehalt zu tragen, so sahen wir hier zu unsrer großen Freude das japanische Kriegsschiff »Maya« und weiter hinten einen Dampfer »Hakuaimaru«, der in Diensten des japanischen Roten Kreuzes steht und zur Zeit des japanisch-chinesischen Krieges als Hospitalschiff gute Dienste geleistet haben soll, vor Anker liegen. Noch einige Kriegsschiffe und mehrere Postdampfer, welche zum Teil den Engländern gehörten, waren sichtbar und gewährten einen imposanten Anblick. Hoch auf dem Mast des »Maya« flatterte die Toppflagge mit der lieblichen Sonne uns entgegen. Das Gefühl, fern der Heimat in einer fremden Welt unsere Flagge zu erblicken, ist in der Tat etwas, was das Herz erhebt; der edle Stolz, der uns innewohnt, ein Angehöriger des schönen Landes zu sein, der nationale Gedanke, von welchem jeder Patriot so sehr beseelt ist, begeisterten uns, wir schwangen die Hüte, schwenkten die Tücher und begrüßten so unsere Flagge, und unser lautes Hurra wurde von den auf den Rahen stehenden Matrosen freudig erwidert. Unsere Marine, die sich in den letzten fünf Jahren außerordentlich schnell entwickelt hat, weiß sich in ihrer jetzigen Gestalt fern und nah Achtung und Geltung zu verschaffen, was aber diejenigen, die zu Hause kauern und der Ruhe pflegen, leider nicht gewahr werden. Auch ich gehörte einst zu jenen, auch ich war der Meinung, daß es töricht sei, gerade für das unproduktivste Glied eines staatlichen Körpers – für Militär und Marine – die meisten Mittel zu bewilligen; bei diesem Anblick fühlte ich mich aber nicht wenig betroffen und aus der Kehle drang mir unwillkürlich der Ruf: »Unsere Marine lebe hoch! hoch! hoch!« in den meine Gefährten fröhlich einstimmten.

Der »Bund« in Shanghai.

Oberhalb des kaiserlich japanischen Konsulatgebäudes landeten wir und bestiegen drei elegante Equipagen. Der erste Besuch galt dem Kajimayoko. Bald wurden wir mit den bei dieser Firma angestellten Landsleuten bekannt, schrieben Briefe, Ansichtskarten u. s. w. und fuhren dann mit unserem Begleiter in die Stadt. Diese bedeutendste Handels- und Hafenstadt Chinas, welche durch viele Flüsse und Kanäle mit den Seen im Innern, dem Kaiserkanal und dem Yantsekiang in Zusammenhang steht und ca. 500 000 Einwohner zählt, wurde vor etwa sechzig Jahren von den Engländern erobert und dem Fremdenverkehr übergeben. Bald darauf wurde der Hafen auch für den auswärtigen Handel eröffnet, und seitdem ist die Stadt in raschem Aufschwunge begriffen. Sie zerfällt in zwei verschiedene Teile, nämlich in die Altstadt Shanghai, die eigentliche

Chinesenstadt, wo das Gouvernement liegt, und in die Neustadt oder die Fremdenstadt.

Das »Iltis«-Denkmal in Shanghai.

Es war dies das erste fremde Land, das ich betrat. Entgegen den Vorstellungen, die wir von Haus mitgebracht hatten, machte die Neustadt einen außerordentlich einladenden, modernen Eindruck. Sie ist verhältnismäßig weitläufig gebaut; die Häuser stehen nach dem Strome zu in dichten Reihen nebeneinander, nach der Innenseite zu aber werden sie lichter. Sie sind zum Teil aus Steinen hoch aufgebaut, die Straßen sind größtenteils gepflastert, ziemlich breit und teils mit Trottoirs versehen. Besonders schön ist der sogen. »Bund«, von den Chinesen Wan-poutang genannt, eine Straße, welche am Wusungflusse entlang führt und größtenteils von Engländern bewohnt wird. Hier erhebt sich eine Reihe stattlicher Gebäude: der englische Gerichtshof, der englische Klub, mehrere Konsulate, Banken usw. Auch mehrere japanische Firmen, wie die Filiale der Yokohama Speciebank, die der Nippon-Yusenkaisha und noch einige andere, sind hier zu finden. Der Speciebank gegenüber sehen wir auf einem frischgrünen Rasenplatz des Parkes das deutsche »Iltis«-Denkmal. Dieses sehr schöne Monument, das zum Andenken an den heldenhaften Untergang der »Iltis«-Mannschaft errichtet wurde, besteht in der Hauptsache aus einem metallenen abgebrochenen Mast, dem der Rest des »Iltis«-Wracks als Modell gedient hat.

Personenkarren in Shanghai.

Die sogenannte French Town, dann die britische, amerikanische und Hang-kou Settlements liegen der Reihe nach nebeneinander. Hohe massive Häuser, teils in englisch-indischem Baustil aufgeführt, und prächtig ausgestattete Verkaufsläden mit Schaufenstern reihen sich aneinander; auch Kirchen mit hohen Türmen ragen empor und laden mit ihrem ernsten feierlichen Glockenklang die Andächtigen ein. Die Straße ist äußerst belebt: vornehme Damen in modisch feiner Tracht, elegante Herren im hohen Cylinder gehen und kommen; zahllose Equipagen und Droschken rollen hin und her; dazwischen drängen sich seltsame, von keuchenden Chinesen geschobene Personenkarren und leichte Fahrräder; unter Trommelschlag und Musik marschieren die Soldaten, japanische, englische, französische, alle in den Uniformen ihrer Nation, schwarz, blau, grau etc. angezogen – ein buntes Bild, von dem sich die Augen schwer trennen können (wegen der Wirren in Nordchina waren Truppen verschiedener Nationen in

Shanghai einquartiert). Wie wir so dahinfuhren, wähnten wir fast, wir seien schon in der uns vorderhand noch fremden Welt einer europäischen Stadt; indessen mahnten uns die Chinesen daran, daß wir uns noch nicht weit von unserer Heimat entfernt hatten.

Englische Kavallerie in Shanghai.

Straße in Shanghai.

Wir fuhren durch einige Straßen der Neustadt, wo zu beiden Seiten viele chinesische Verkaufsläden stehen, und hatten Gelegenheit, das Straßenleben der Chinesen in

Augenschein zu nehmen. Die Straßen sind ziemlich schmutzig, voller Lärm und Gedränge. Die Häuser sind größtenteils aus Holz gebaut und mit grellen Farben angestrichen; rot, die Lieblingsfarbe der Chinesen, wiegt vor, es findet auch grün und gelb große Verwendung. Aus den Fenstern sieht man hier und da Wäsche, alte Kleider u. dergl. herunterhängen, die, über den Häuptern der Vorbeigehenden gemächlich flatternd, zu dem Schmuck der Stadt in seltsamer Weise beitragen. Die Verkaufsläden sind meist offen und am Eingang hängen Schilder von verschiedener Farbe und Form, worauf allerlei Worte, meistens langatmige Erklärungen oder großsprecherische Lobpreisungen des zu verkaufenden Gegenstandes, zu lesen sind. Als Einfuhrartikel werden Opium, Wolltuche, Metalle, Lampen, Uhren, Zündhölzer, Petroleum u. s. w., als Ausfuhrartikel Seide, Tee, Baumwolle, Felle, Schweinsborsten, Strohgeflechte, Talg u. s. w. gehandelt.

Chinesischer Schuhmacher.

Unter den Verkaufsläden trifft man auch nicht wenige, in denen Fett- und Eßwaren feilgeboten werden; auch getrocknete Fische, Gemüse, Früchte u. s. w. liegen lockend ausgebreitet zum Verkauf. Hier drängen sich viele Käufer, Städter wie Landleute, grell geschminkte Frauen in bunten Gewändern, geputzte Männer mit langen Zöpfen, jeder nach seinem Geschmack gekleidet. Ferner findet man auch manch' schöne, nach europäischem Muster eingerichtete Häuser mit Schaufenstern, die einheimische wie importierte Fabrikate bergen und wo man wirklich gute Waren beziehen kann; aber im allgemeinen haben die chinesischen Kaufläden und das Straßenleben, wie lebhaft sie auch den neugierigen Augen eines Fremden erscheinen mögen, ein düsteres, träges und unsauberes Aussehen.

Wir fuhren nun geradenwegs durch die Straße Damaro, auch Nankinro genannt, zu deren Seiten sich die meisten eleganten Verkaufsläden, europäische und chinesische, vorfinden, und gelangten in den Lustgarten Gu-En[1]. Dieser Garten, den der Besitzer vielleicht aus Bescheidenheit so genannt, sollte wahrhaft wundervoll angelegt sein, aber leider war er nicht imstande, japanische Augen zu erfreuen; da er weder etwas Schönes noch Neues bot, so verlohnt es sich nicht, ihn ausführlich zu beschreiben. Ein paar Baumgruppen, deren fahles Grün nicht gerade anziehend wirkt, ein altes Gebäude chinesischen Stils, das so aussah, als wäre es nie mit einem Besen in Berührung gekommen, ein kleiner Teich mit trübem Wasser, worin etliche Goldfische ein elendes Dasein führten, einige komisch geformte Felsblöcke, die als Zeugen einer rohen plastischen Arbeit dastehen, und am Ausgang eine Art von Theater, in welchem dann und wann chinesische Operetten aufgeführt werden... das ist wohl alles, was man hier zu sehen bekommt. – Zwei Dinge fielen mir hier besonders auf: ein paar Opiumstuben – sehr einfache, meist nur mit einem Sofa ausgestattete Zimmer. Dort legt sich dann der Chinese aufs Ruhebett, raucht Opium und verträumt im Zustand der Betäubung den lieben langen Tag. Und weiter: ein paar irdene Becken, die im Garten unter freiem Himmel standen und eine dunkle trübe Masse enthielten. Ich glaubte, die Flüssigkeit sei zum Begießen der Pflanzen da, aber zu meinem Erstaunen erfuhr ich, daß sie zum – Trinken aufbewahrt werde. Echt chinesisch!

Im chinesischen Teelokal in Shanghai.

Nicht weit von Gu-En liegt Cho-En, ein in europäischem Stile aufgeführtes Gebäude, woselbst den Gästen Tee serviert wird – ein Teehaus im strengsten Sinne des Wortes; es hat einen geräumigen, mit den Farben aller Nationen geschmückten Salon und sieht ganz nett aus; vor dem Hause breitet sich ein frischer grüner Rasenstreifen aus und ladet den Vorübergehenden zum Besuche ein. In nächster Nachbarschaft sahen wir auch eine mit allem Zubehör ausgestattete Kegelbahn.

Die Equipage führte uns nun nach Shumaro oder Fukushuro, die in einer gewissen Bedeutung »feinste« Straße Shanghais; ein Karasumori oder Yanagibashi in Japan, wo viele tausende jener berühmten Shanghaier Sängerinnen wohnen und wo die »feinen« Herrschaften so gerne spazieren gehen, um zu sehen und gesehen zu werden. Hier liegt auch das Teehaus Kiokaro, in welchem wir zu Mittag aßen. Es ist dies eines der besten Wirtshäuser in Shanghai. Die ganze japanische Kolonie »König Alberts«, zehn an der Zahl, mit unserm Begleiter und einem Chinesen, der bei der Firma Kajimayoko angestellt ist und inzwischen von uns zur Tafel eingeladen war, nahmen nun mit knurrendem Magen an dem runden Tische Platz und harrten in gespannter Erwartung der Dinge, die da kommen sollten. Einen Speisezettel freilich gab es nicht, und wenn es auch einen gegeben hätte, würde er uns wenig genützt haben, da uns die Namen der Gerichte fremd waren. Die Speisen werden in verschiedene Klassen eingeteilt und danach bestellt; aber was jede von ihnen enthält, das gehört zu den Geheimnissen des Koches. Nichts blieb uns weiter übrig, als diesem die Wahl mit der stillen Hoffnung zu überlassen, daß nicht nur das Gute von oben, wie es in der »Glocke« von Schiller heißt, sondern auch von unten aus der Küche kommen möge. Zuerst wurde uns eine Tasse Tee serviert, nach wenigen Minuten kam die Suppe zum Vorschein und nun folgten verschiedene Sorten von Fettspeisen, worunter Speck die Hauptrolle spielte, ferner gebratene Fische von zwei, drei verschiedenen Arten, Hummer, Muschel, Geflügel, Lammfleisch, fast alles mit Öl und Fett zubereitet, Fadennudeln, Gemüse und, was unter anderm auffiel, Schwalbennester, Haifischflossen, Walfischbart u. a. m. – alles Erzeugnisse, die zu den Delikatessen der Chinesen gehören. Zum Schluß gab es wiederum Suppe und dann gekochten Reis, Gebäck, Früchte u. s. w. Diese Speisen werden in einer großen Schüssel mitten auf die Tafel gestellt und jeder nimmt sich selbst daraus auf das eigene Tellerchen, das bei jedem Gange von dem Servierkellner gewechselt wird.

Chinesischer Koch.

Mit wahrem Heißhunger machten sich alle daran, aber

einigen wollten schon nach den ersten Gängen die Speisen nicht in den Gaumen hinein, da sie das allzu Ölige und Fette nicht ertragen konnten, wieder einige hatten nach acht bis neun Gängen den Magen voll und konnten nicht weiter. Ich, der in dem Kampfe mit Leckerbissen bisher den Rücken nicht hatte sehen lassen, focht auch hier in aller Tapferkeit mit zwei Stäbchen – denn Gabel und Messer gab es nicht – gegen die hintereinander losrückenden Feinde, aber schon bei dem elften Zusammenstoß hatte ich einen harten Kampf zu bestehen. Bei dem zwölften Angriff entschwand mir endlich der Mut, und vollgestopft wie ein Maltersack konnte ich weder gehen noch stehen, ich schnaufte nur und saß unbeweglich da. Selbst wenn alle Schätze des persischen Königs hier vor meinen Füßen gelegen hätten, würde ich meine Hand nicht danach ausgestreckt haben, um sie aufzuheben, denn auch bei der leisesten Bewegung drohte der überspannte Sack zu zerplatzen! Doch zwei von uns haben wacker gestritten bis zum 17. und letzten Angriff für die Ehre unserer Kolonie; daß dies aber ein Kampf auf Leben und Tod war, verriet schon der Schweiß, der von ihren Stirnen herabrollte. Unser langzöpfiger Tischgenosse war, als die Haifischflossen aufgetragen wurden, fortgeschwommen und ließ sich nicht mehr sehen, was uns sehr leid tat. Er schien über unsere Unterhaltung verstimmt zu sein; wir hatten nämlich u. a. gesagt, daß die Sauberkeit der Chinesen sehr zu bewundern sei, insbesondere beim Essen; denn sie lecken fortwährend ihre Stäbchen ab und fahren dann wieder in die gemeinsame Schüssel hinein, so daß die darin befindliche künstlich zubereitete Sauce sich mit der natürlichen ihres Mundes vermischt und so einen chemischen Prozeß durchzumachen scheint. Später hörte ich zu meinem nicht geringen Erstaunen, daß es bei den Chinesen Sitte sei, beim Essen die Stäbchen schön abzulecken, und daß derjenige, der seinen Tischgenossen eine besondere Aufmerksamkeit erweisen will, dies auf chinesische Art nicht besser bezeigen zu können glaubt, als daß er seine Stäbchen möglichst gut ableckt. Wirklich eine recht feine Sitte, die vom Gesichtspunkt der Bakteriologie sehr zu empfehlen ist! Wahrscheinlich verdanken die deutschen Wörter »Lecker«, »Leckerei«, »Leckerbissen« u. s. w. ihren Ursprung den Chinesen! – Eins möchte ich hier noch hinzufügen, daß nämlich alle Speisen ohne Ausnahme warm aufgetragen werden; kalte und rohe Speisen, wie unser Sasimi, kennt man dort überhaupt nicht; daß sogar Wasser nur in heißem Zustande getrunken wird, ist bekannt. Besonders fiel mir noch auf, daß während des ganzen Mahles die Chinesen in einem fort getrocknete Melonenkerne aßen, die sich in einer gemeinsamen Schüssel in der Mitte des Tisches befanden. – Noch eins: wir wurden bei der Tafel leider der zweifelhaften Ehre nicht teilhaftig, von jenen reich geschmückten und doch so leichten elastischen Gestalten bedient zu werden.

Im großen und ganzen muß ich doch sagen, daß die chinesischen Köche ihre Kunst sehr gut verstehen. Von der geschickten Zusammenstellung des so viele Gerichte umfassenden Mahles abgesehen, ist auch die Zubereitung gut; ja, man wäre versucht, es dem japanischen beinahe vorzuziehen, wenn nicht zu viel Fett und Öl verwendet würde. Mit dem europäischen und chinesischen Mahl verglichen, ist unser japanisches einfacher. Das chinesische ähnelt mehr dem europäischen und ist ebenso nahrhaft und gehaltreich. Übrigens war das Essen, das wir an jenem Tage genommen, ein kantonsches, was dem europäischen verwandter ist, wie das nankinsche, das als ein echt chinesisches dem Gaumen der Eingeborenen wohl bekommen soll, aber nicht dem unsrigen. Unsere Köche verstehen zwar das Kochen an sich ganz gut, sie sollten aber ihr Augenmerk doch auf die Zubereitung und Zusammenstellung recht kräftiger und nahrhafter Kost richten. Ein Gericht z. B. wie das Kuchitori – jene kuchenartige, buntaussehende süße Speise – sollte ganz abgeschafft werden, da es eher den Augen als dem Magen zur Erquickung dient.

Das einzige, was bei der chinesischen Mahlzeit abstößt, ist eben die Unreinlichkeit, die auch hier, wie überall beim Chinesen, an den Tag tritt. Die Überreste von Speisen, wie Gräten, Knochen, Schalen u. dergl., werden während des Essens im Wirtshause von allen Gästen ohne weiteres unter die Tafel geworfen; die beiden anderthalb Fuß langen Stäbchen und überhaupt die Eßgeschirre sollte man selbst mit der Serviette vorher sorgfältig reinigen, so unheimlich sehen sie aus; die Servietten bieten manchmal ein derart trauriges Aussehen, daß man sie lieber unbenutzt läßt. Schlimmer als diese sind aber die heißen Tücher, womit man während des Essens den Mund von allem Fett und Öl abwischt; sie werden, ohne irgendwie ausgewaschen zu werden, in kochendes Wasser getan und in heißem Zustande den Gästen mehrere Male dargereicht; sie machen also einen Kreislauf bei vielen Gästen, fühlen sich infolgedessen etwas klebrig an und haben gerade keinen angenehmen Geruch.

Etwas möchte ich hier einfügen über jene Klasse der Chinesen, die durch ihr elendes Handwerk, vor allem aber durch ihre Schmutzigkeit und Dreistigkeit auffallen, ich meine die Kulis. Sie stehen fast überall mit ihrem von Japan importierten Rollstuhl, Jinrikisha, auf der Straße und fordern jeden Vorübergehenden zum Einsteigen auf; besonders wenn sie einen Fremden gewahr werden, machen sie für eine kurze Strecke Weges eine unmäßige Forderung und suchen ihn tückisch und hinterlistig zu übervorteilen. Ihre Forderung lassen sie auch auf ein Drittel ihrer ersten Ansprüche herabhandeln, aber sobald sie ihre Tour gemacht haben, bitten sie dreist und zudringlich um Trinkgeld oder fordern, trotz der vorhergegangenen Unterhandlung, das

Doppelte und Dreifache. Wenn sie dann abgewiesen werden, kommen sie noch eine Strecke Weges hinterher gelaufen und betteln immer wieder oder schimpfen und schreien, bis man am Ende genötigt wird, mit dem Stock ihrer Forderung Genüge zu tun. Daß Menschen dieser Art von den dort lebenden Europäern wie Tiere angesehen und demgemäß behandelt werden, ist vom allgemeinen menschlichen Standpunkte bedauerlich, unter den obwaltenden Verhältnissen aber verständlich. Zwar haben wir in Japan auch eine Klasse solcher Kulis, diese sind jedoch weit artiger und zuvorkommender als jene. Schon ihr Aussehen verrät, daß sie mit ihren Kollegen in China nichts gemein haben. In leichten, fest anschließenden schwarzen Jacken, bedeckt bis zu den Füßen, stehen sie bei uns an einer Seite der Straße auf dem ihnen zugewiesenen Platze und warten bescheiden, bis ein Vorübergehender sie anruft. Und wie flink sie ihr Handwerk üben! Wie der Blitz fliegen sie mit ihrem Rollwagen die Straße dahin, als ob sie die darauf sitzende schwere Last garnicht spürten, während die chinesischen in weiten, blau auf grau gestickten, losen Lumpen die Straße dahintappen; daß der Knüttel in den Händen der Polizisten mit diesem Gesindel gute Bekanntschaft unterhält, ist daher leicht erklärlich.

Indischer Polizist in Shanghai.

Eine Eigentümlichkeit von Shanghai sind die verschiedenartigen Polizisten, die aus Engländern, Franzosen, Amerikanern, Chinesen und Indern bestehen. Die indischen Polizisten gewähren einen schönen Anblick; sie zeichnen sich durch ihre stattliche Gestalt aus, sind groß, kräftig, ganz braun, tragen einen schwarzen Vollbart, sind europäisch gekleidet und gehen mit einem Knüttel in der Hand gravitätisch die Straße einher. Was den Reiz dieser Erscheinung noch erhöht, ist der ungeheuer große Turban. Selbst der kleinste von ihnen scheint zwei Meter groß zu sein – wahrlich, herkulische Gestalten! Ihr muskulöses Aussehen verleitet zu der Annahme, daß sie ganz geeignet seien, einen Löwen zu bändigen, daß sie also spielend mit einem Verbrecher fertig würden. Aber wie ich höre, soll dies in Wirklichkeit nicht der Fall sein, denn so ein Herkules soll feige sein und Reißaus nehmen, wenn ihm etwas Ernstes in den Weg tritt. Was ihre Verstandeskräfte anlangt, so sollen sie auch leider würdige Sprößlinge ihres Stammes sein, denn wenn ihnen irgendwie schwierige Aufgaben gestellt werden, so wissen sie sich keinen Rat. Zwar können sie unterscheiden, was schön und häßlich, was gut und schlecht ist, wenn sie es mit eigenen Augen angeschaut haben, darüber hinaus geht jedoch ihre Urteilskraft nicht. Ihr langzöpfiger Kollege, der chinesische Polizist, scheint in manchen Stücken geschickter zu sein, obwohl er nicht so gut aussieht. Kurz, der indische Polizist ist mehr zum Paradieren da. Einen guten Zug hat er aber außerdem doch, und das ist seine Unparteilichkeit. Die weißen Polizisten sind, wie man sagt, nur zu leicht geneigt, in strittigen Fällen die Partei ihrer engeren Landsleute zu ergreifen; das tut aber der indische Polizist nicht, sondern hält sich in lobender Weise neutral.

Wie im Fluge war die Zeit dahin geschwunden und darüber war es Abend geworden. Unsere Absicht, noch die Altstadt zu besichtigen, wurde leider durch einen starken Regen vereitelt, deshalb traten wir die Rückfahrt nach dem »König Albert« an, den wir erst spät in der Nacht erreichten. Aber wir alle fühlten uns von dem Verlauf des Tages durchaus befriedigt, so daß ihn jeder von uns in seinem Tagebuch als einen genußreichen aufzeichnen konnte.

V.
Hongkong.

Die Hitze, die wir bisher in der frischen Seeluft nicht gespürt hatten, machte sich schon recht bemerkbar, als unser stolzer »König Albert« am 16. April vormittags in den Hafen von Hongkong eindampfte. Hongkong, d. h. der »duftende Hafen«, liegt südöstlich von Kanton hart an der Grenze der tropischen Zone und ist eine kleine Insel von kaum 15 km Länge und 7-8 km Breite, welche durch einen schmalen Meeresarm vom Festlande, der Halbinsel Kowloon, getrennt wird. Sie ist seit dem Frieden von Nankin im Jahre 1842 an die Engländer abgetreten worden und bedeutet jetzt eine Perle der britischen Kolonieen. Die Bewohner, ca. 300 000, sind meist Chinesen neben etlichen tausend Indiern; unter den Europäern, deren Anzahl nur ein Dreißigstel der Gesamtbevölkerung ausmacht, sind die Portugiesen am meisten vertreten, ihnen folgen die Engländer mit ein paar tausend Mann Garnison. An der Nordküste der Insel liegt die Stadt Viktoria, die amphitheatralisch angelegt ist und im Schmuck ihrer hell leuchtenden Häuser und grünen Bäume, namentlich vom Meer aus, einen herrlichen Anblick gewährt. Was aber die Augen des Reisenden am meisten anzieht, ist das Treiben im Hafen.

Hongkong (Hafen und Europäisches Viertel).

Fahrzeuge aller Art und aller Nationen erblickt man dort: mächtige Kriegsschiffe, insbesondere britische, welche dem chinesischen Geschwader angehören, große und kleine Postdampfer, schwerbeladene Handelsschiffe, zahllose Dschunken, Boote u. s. w. Hier läuft ein Schiff ein, dort sticht ein anderes in See, in dicken Säulen steigt der Rauch aus den Schornsteinen empor, überall ein Tuten, Pfeifen, Rasseln, Klirren, daß einem von all dem Geräusch fast die Sinne benommen werden. Und wie es im Hafen von Menschen wimmelt! Schwere Kisten werden auf- und abgeladen, Fässer werden gerollt, Ballen gewälzt, Gepäck geschleppt, Karren mit Pferden fahren hin und her, Lastträger mit Tonnen drängen sich ächzend durch die Menge – kurz, alles ist in regster Bewegung. Daß Hongkong als Handelsplatz und als Seehafen des Weltverkehrs an der ganzen ostasiatischen Küste tatsächlich eine große Rolle spielt, ist schon daraus ersichtlich, daß fast alle Handelsstaaten hier Konsulate haben; Tee, Seide, Opium, Zucker, Öl, Salz, Baumwolle, Elfenbein, Nahrungsmittel der verschiedensten Art sind die wesentlichsten Gegenstände des Handels.

Der reiche Mitsui, der auch hier seine Firma besitzt, holte uns mit seinem Dampfboot ab, und unter der sicheren Führung eines seiner Beamten betraten wir nun die Stadt. Wir besuchten zuerst Queen's Road, die schönste und belebteste Straße. An beiden Seiten reihen sich chinesische und europäische Verkaufsläden in buntem Gemisch aneinander; das Stadthaus, das Theater, mehrere Banken, Konsulatsgebäude u. s. w. befinden sich hier. Die nicht eben hohen, aber doch stattlich aussehenden Gebäude sind meist in europäischem Stil aufgeführt. Die Straßen sind ziemlich sauber, aber leider ein bißchen eng, was jedoch die Lebendigkeit des Straßenlebens bedeutend erhöht. Zum Fahren dienen zierliche Rollstühle, auch den Chinesen eigentümliche Tragsessel werden viel gebraucht; Equipagen und Droschken sieht man verhältnismäßig wenig, da die bergige Lage und die enge unregelmäßige Straße es nicht erlauben. Das Straßenleben hat mit seiner buntdurcheinandergewürfelten Bevölkerung große Ähnlichkeit mit jenem Shanghais.

Nachdem wir die Straßen durchwandert, die Sehenswürdigkeiten in Augenschein genommen und auch einige Einkäufe, wie z. B. Tropenhüte u. dgl., gemacht hatten, wollten wir zum Viktoria-Park, von dem die Reisenden nicht genug zu erzählen wissen, hinansteigen.

Die große Hitze jedoch und die spärlich bemessene Zeit nötigten uns von dem Vorhaben abzustehen und wir benutzten die Drahtseilbahn, die uns schnell auf den Gipfel führte. In ungefähr einer Viertelstunde waren wir am Ziel. Aber in diesem Augenblick kam leider der Nebel, eine sehr häufige und unangenehme Erscheinung dieser Gegend, heraufgezogen, und ehe wir uns versahen, bedeckte er mit seinem Schleier den ganzen Berg. Nicht zehn Schritte konnte man vor sich schauen, man hätte ihn mit einem Messer durchschneiden können – so dick war er! Von der großartigen Aussicht nach dem Hafen war nun keine Rede mehr und es blieb uns nichts weiter übrig, als geduldig die Zeit abzuwarten, bis der Nebel sich gesenkt hatte. Wir kehrten deshalb im Wirtshaus Peak-Hotel ein, ließen uns die englische Küche gut schmecken und sahen zu, ob nicht durch die flatternden Nebelgespinste sich irgend etwas unsern Blicken darböte. Und sieh! Nach ungefähr einer Stunde teilte sich der Nebel und auf einmal lagen zu unseren Füßen Stadt, Hafen und weiter hinten die Halbinsel Kowloon. Wir standen in stiller Bewunderung da, die Operngläser vor den Augen haltend. Da unser Standpunkt nicht allzu hoch war, so konnte man die Form und Farbe eines jeden Gegenstandes noch deutlich unterscheiden. Ein entzückendes Panorama! An den Abhängen sieht man übereinander aufsteigende Höfe von tropischen grünen Baumgruppen umgeben und prächtige Villen mit herrlichen Gartenanlagen; aus den Straßen der Stadt erheben sich große, stattliche, wie Paläste und Schlösser aussehende Gebäude, darunter mischen sich die schwarzen Kuppeln und die rötlichen Türme der Kirchen und Kapellen. Hinter dem Halbkreis des Hafens dehnt sich der unendliche Ocean aus, auf dessen blauem Spiegel hunderte von Schiffen wie weiße Schwäne umherschwimmen. Auf der anderen Seite des Berges sieht man in einer talförmigen Vertiefung ein großes Wasserbecken, das im hellen Sonnenschein wie ein smaragdner See leuchtet; hier wird das Regenwasser sorgfältig gesammelt und mittelst Röhren in die Stadt geleitet, wo man es zum Trinkwasser verwendet.

Hongkong (Chinesisches Viertel).

Aus dem einförmigen Leben auf dem Schiff in die Mitte dieses schönen, erhebenden Anblickes versetzt, fühlten wir uns so erquickt und blickten wie gebannt immer und immer wieder in die weite Natur hinaus, als wollten wir alle diese Schönheiten in unsere Brust einsaugen. Da fällt aber mit einem Male der Vorhang vor unseren Augen: mit dem wiederkehrenden Nebel ändert sich die Szene, und in einem Augenblick ist von all dem Gebotenen nichts mehr zu sehen. Mit der Drahtbahn rollten wir nun wieder mit haarsträubender Schnelligkeit den steilen Abhang hinab bis zu der Station, die am Fuße des Berges liegt, dann folgten wir der freundlichen Einladung der Firma Mitsui, stiegen einen gewundenen Weg hinauf und gelangten bald in eine schöne Villa, die der Firma gehört. Von dem Umherlaufen des langen Tages und von der Hitze im unheimlichen Nebelkreise müde, lehnte ich mich an das Geländer der

Veranda und schaute in den Garten hinab, der mit den prächtigen bunten Blumen, wie sie der tropischen Zone eigen sind, geschmückt war; ein wenig unterhalb befand sich ein geräumiger Tennisplatz. Hier sah ich ein paar kleine japanische Mädchen von sechs bis sieben Jahren, die sich mit Spiel und Blumenpflücken vergnügten – liebliche Erscheinungen sondergleichen, die ich schon jahrelang vermißt zu haben glaubte. Unverwandt ruhten meine Augen auf ihnen... was für eine Gestalt schwebt dir vor und woran denkst Du?...

Bei der Tafel wurden uns einige Herren und Damen von der Firma vorgestellt und nun langten wir tüchtig zu; zu unserer großen Überraschung und Freude bekamen wir hier japanische Kost vorgesetzt. Kein Wunder, daß deshalb bei Tisch die heiterste Laune herrschte; ja, man konnte bei der gemütlichen Unterhaltung fast wähnen, daß man sich daheim im trauten Kreise der Freunde befände. Nach dem Essen spielte Herr Musiklehrer Taki Klavier; er gab manch japanisches Stück zum besten und trug dadurch wesentlich zur Erhöhung der Stimmung bei. Vom Fenster aus sahen wir tausende von Lichtern, die wie gesäete Sternlein auf dem Meere funkelten und feenhaft das Wasser beleuchteten.

Am 17. mittags wurden die Anker gelichtet. Ich stand auf dem Verdeck, sah vor mir die schöne Insel und konnte nicht umhin, an die geschichtlichen Tatsachen zurückzudenken, wie und warum die Chinesen genötigt wurden, den Engländern dieses Eiland abzutreten. Daß der chinesische Kaiser Süan die Auslieferung alles in den englischen Schiffen und Magazinen befindlichen Opiums, dieses wichtigsten und gewinnbringendsten Artikels der englischen Einfuhr, forderte, um dem Opiumhandel mit einem Mal ein Ende zu machen und daß er die ausgelieferten 20 000 Kisten im Wert von 4 Mill. Pfd. Sterling verbrannte, daß Streitigkeiten darauf erfolgten, daß England am Ende den Krieg erklärte

u. s. w., ist einem jeden zu bekannt, um hier wiederholt zu werden. Zwar ist die Insel im Vergleich zu dem ungeheuer großen Reich der Mitte ein kleines Stückchen Land, aber ein harter Verlust ist und bleibt es doch für die Chinesen, zumal wenn man bedenkt, daß ihnen seit der Zeit ein Stückchen Land nach dem andern verloren ging. Wehe ihnen, wenn sie am Ende gar noch die Mandschurei einbüßen sollten! Im großen und ganzen ist aber die Abtretung Hongkongs für den Weltverkehr ein wahrer Segen gewesen, denn in den Händen der Chinesen wäre die Insel bei weitem nicht zu ihrer jetzigen Blüte gelangt. Die Menge an Kapital, Arbeit und Fleiß, die die Engländer aufgewendet haben, um die Insel zu dem zu machen, was sie heute ist, ist der höchsten Anerkennung wert. Die großartigen Quai- und Dockanlagen sind ihr Werk, ebenso die mühevolle Bepflanzung des Peak, den der Viktoria-Park schmückt.

Chinesische Kaufmannsfamilie in Festtracht.

Auch Gewerbe und Industrie verdanken ihren Aufschwung wesentlich den Engländern. Fabriken und Werkstätten der verschiedensten Art, wie z. B. Zuckerfabriken, Sägewerke, Seilereien, Ziegeleien, Zündholzfabriken, Fabriken für Maschinen- und Bootsbau, Glasereien, Färbereien u. a. m., sind meist von den Engländern angelegt oder angeregt worden. Kurz, ihnen gebührt mit Recht das Verdienst, Hongkong den Namen eines ausgezeichneten Stapelplatzes und eines vorzüglichen Freihafens gegeben zu haben.

Nach allem, was ich in Shanghai und Hongkong gesehen habe, kann ich meinen jungen Landsleuten nur den Rat erteilen: macht euch auf und besucht diese Städte! Dort erblickt ihr eine ganze fremde Welt, andere Einrichtungen, Sitten und Gebräuche! Wer die beschwerliche und kostspielige Reise nach Europa sparen will, findet in diesen beiden Städten, die nur zwei Tage Dampferfahrt von Nagasaki entfernt liegen, hinreichend Gelegenheit, um seine Kenntnisse zu erweitern. Insbesondere seien diese wichtigen Handelsplätze den jungen Japanern empfohlen, die kaufmännisch sich vervollkommnen wollen. Es ist entschieden gescheiter, die Sommerferien auf diese Weise zu einer Studienreise auszunützen, als sie im Gebirge oder in den Seebädern zu verbummeln!

Leider war mein Aufenthalt in Hongkong nicht ungetrübt. Denn als ich mich nach einem meiner ehemaligen Schüler und Freunde, Herrn Dr. Okoshi, erkundigte, erfuhr ich zu meinem großen Schmerz, daß jener kurz vor meiner Ankunft am Typhus gestorben war. Mit wehen Gefühlen betrachtete ich das Bild des teuren Toten, der vielen noch als treues und tätiges Mitglied des bekannten Vereins an der Adelsakademie, Hojinkai, in Erinnerung sein dürfte. Fern von den Seinen und der geliebten Heimat ist er in einem Alter dahingeschieden, wo er erst anfangen sollte, seine Kenntnisse und Erfahrungen recht ordentlich anzuwenden. Ich bat mir die Photographie seines Leichenzuges aus und schickte sie nach Japan an unsere Schule; dort soll sie zum bleibenden Andenken an diesen Braven aufbewahrt werden.

Noch ein anderes trauriges Ereignis war der Tod eines Passagiers auf unserm »König Albert«. Ein Engländer war mit Weib und Kind von Yokohama an unser Reisegefährte gewesen. Wie ich hörte, soll er an Lungenschwindsucht gelitten und in der guten Hoffnung, die frische Seeluft möge heilsam auf ihn wirken, seine Reise angetreten haben. Der herzzerreißende Jammer der unglücklichen Hinterbliebenen ist gar nicht zu beschreiben; alle Passagiere trauerten mit ihnen, die Schiffskapelle stellte die Musik ein. Doch war es ein Trost für die Trostlosen, daß die sterblichen Überreste des Dahingeschiedenen in Hongkong beigesetzt wurden, sonst hätte er ein nasses Grab gefunden in dem unendlichen Meer, wo weder Hügel noch Stein die Ruhestätte anzeigen.

VI.
Singapore.

Im Dock zu Singapore.

Unser »König Albert« eilte nun rastlos nach Süden, so daß wir schon nach vier Tagen, den 21. April mittags 1 Uhr, die Insel Singapore erreichten. Die Einfahrt in den Hafen ist, wie bekannt, sehr reizend. Schon von weitem erblickten wir die von Palmen bedeckte Küste der Halbinsel Malaka und je weiter wir kamen, desto reicher entfaltete sich die Natur; hier und da tauchten kleine malerische Inseln auf, die Wasserstraße verengte sich immer mehr und das Schiff dampfte in den bogenförmigen Hafen ein. So schön nun dieser Hafen auch ist, er ist mit jenem von Nagasaki nicht zu vergleichen, denn dort hat die Natur mit gütigeren Händen ihre prächtigen Gaben ausgestreut. Der romantische Anblick des Strandes, die verschiedensten Arten und Gestalten der Vegetation, jene wunderbaren Figuren der Felsblöcke des Ufers und dergleichen fehlen hier gänzlich. Was uns hier auffiel, ist nur das überaus üppige Wachstum der Palmen; wohin das Auge auch schweift, sehen wir nur Palmen, nichts als Palmen, diese hochstämmigen Vertreterinnen der echttropischen Natur.

Die Insel Singapore, welche an der Südspitze der Halbinsel Malaka liegt, steht wie Hongkong unter britischer Oberhoheit. Als die Engländer sie vor etwa 80 Jahren ihrem ehemaligen Besitzer, dem malayischen Sultan, abkauften, war sie noch unkultiviert. Dichter Urwald bedeckte sie und die Bewohner waren in der Hauptsache Fischer und Seeräuber. Jetzt aber bildet ihr Hafen den Hauptstapelplatz für Borneo, Sumatra, Malaka und andere Inseln; seit der Eröffnung der japanischen und chinesischen Häfen hat er erneute, von Jahr zu Jahr steigende Bedeutung als Zwischenplatz gewonnen. Die Bevölkerung, deren Zahl sich auf 250 000 belaufen mag, ist in stetem Zuwachs begriffen; sie besteht aus Chinesen, Malayen, Javanern, Eurasiern, Tamulen und anderen Mischlingen. Die Chinesen sind schon jetzt der Kopfzahl nach am stärksten vertreten und werden es auch wohl bleiben, da immerwährend frischer Nachschub vom Mutterlande kommt.

Malayisches Dorf auf Singapore.

Doch genug von diesen trockenen statistischen Angaben. Nachdem unser Dampfer am Quai festgelegt, ging ich mit meinen Freunden an Land und zwar voll der größten

Erwartung, denn wir hatten erfahren, daß der Kronprinz von England auf seiner Rundreise durch die englischen Kolonieen in Singapore eingetroffen sei; ihm zu Ehren sollte eine große Illumination stattfinden, ein großer pomphafter Aufzug sollte Tags darauf folgen und Gott weiß was nicht noch alles. Jetzt wurde es mir klar, warum unser »König Albert« beim Einlaufen in den Hafen eine englische Fahne gehißt hatte, warum auf allen Masten der vor Anker liegenden Schiffe Großbritanniens Wimpel flatterten. Man kann sich denken, wie erwünscht mir dieser Zwischenfall war, gab er mir doch Gelegenheit, dies bunte Volk in seiner Begeisterung und Freude zu beobachten. Also vom Dampfer herunter und in die Stadt hinein. In die Stadt? O nein! Von der eigentlichen Stadt war noch nichts zu erblicken, die lag noch eine ziemliche Strecke landeinwärts, nur ein malayisches Dorf mit ärmlichen, im Wasser erbauten Hütten war zu sehen. Wir mußten also einen Wagen nehmen. Und nun begann die Qual für uns. Sogleich umringten uns halbnackte malayische und indische Kutscher und kreischten uns in ihrer Muttersprache an, die uns nur wie eine Sammlung von Keif- und Zischlauten klang. In ihren Bemühungen, uns ihr Gefährt aufzunötigen, wurden sie sogar aufdringlich und frech. Was sollten wir machen? Unser Bestreben war, so schnell als möglich fortzukommen. Nach langer Unterhandlung mieteten wir endlich eine Droschke, bestiegen sie und kamen bei Einbruch der Abenddämmerung in die Stadt. Wir stiegen ab, gaben dem Kutscher den verabredeten Lohn und wollten schon weiter, als dieser unverschämte Bursche lautschreiend das Vierfache des Ausbedungenen verlangte. Wieso denn? fragten wir entrüstet, und der alte Gauner, der mit einem Mal ganz gut Englisch sprechen konnte, erklärte verschmitzt, daß sich der ausgemachte Preis für eine Person, nicht aber für vier verstände. Wir wollten uns durchaus nicht schröpfen lassen und machten energisch Anstalt, uns fortzubegeben, doch da hub er ein so wüstes Geschrei an, daß im Umsehen unsere kleine Gesellschaft von drohendem Gesindel umgeben war. Da eine Hilfe nirgends zu erblicken war, so blieb uns nichts weiter übrig, als gute Miene zum bösen Spiel zu machen und zu zahlen.

Nachdem das Volk sich verlaufen hatte, verließen wir den Platz und gingen eine ins Zentrum der Stadt führende Straße hinab. Eben bogen wir um die Ecke – und wie geblendet standen wir da! Soweit das Auge reichte – ein Lichtmeer die ganze Stadt. Von Balkonen und Fenstern, von eigens für dieses Fest hergerichteten Schaugerüsten, von Mauern und Masten, von den Dächern sogar, kurz von überall her, wo sich nur irgendwie Lampen, Laternen und Ballons hatten anbringen lassen, glühte es uns in allen Farben entgegen. Auch die Bäume hatte man mit ganzen Sträußen farbiger Laternen geschmückt, welche wie funkelnde Sternchen im Grünen auf uns herableuchteten. Alles schwamm in Licht und es war uns zu Mute, als ob wir durch einen Zauber plötzlich in ein lichtes Feenreich, wie wir es aus den Märchen kennen, versetzt worden wären. Wirklich eine wahrhaft himmlische Illumination!

Straße in Singapore.

Verkaufsstand in Singapore.

Und nun die Straße selbst, welch ein Blick nach oben und überallhin! Über sie hinweg hatte man in ihrer ganzen Länge und Breite aus roten und weißen Tüchern eine sie überwölbende Decke ausgespannt, sodaß gleichsam eine ungeheure lange farbige Festhalle gebildet war, die im Widerschein von tausenden bunter Lichter erglänzte und prangte. Zu beiden Seiten zog sich eine Menge von Schaugerüsten hin, deren Wände und Geländer man mit prächtigen Teppichen ausgelegt hatte. Lustige Stücke wurden auf den einen aufgeführt, auf anderen sahen feiertäglich geputzte Leute dem vorbeiflutenden Menschenstrome zu und dort waren allerlei Gegenstände zur Schau und zum Verkauf gestellt. Die Menschenmenge, die hier zusammenfloß, war in der Tat bunt genug. Alle Völker Asiens schienen sich hier ein Stelldichein gegeben zu haben: Chinesen, Javaner, Eurasier u. a. m. Besonders fielen mir die Tamulen und Malayen wegen ihrer farbigen Tracht in die Augen. Grelle Tücher hatten sie um ihren Leib geschlungen, trugen aber sonst kein Kleidungsstück, sodaß sie halbnackt in dem Menschengewirr dahinschritten.

Bald waren wir mitten im Gewühl, aus allen

Nebenstraßen und Gäßchen strömte neuer Zufluß in die Hauptader, sodaß binnen kurzer Zeit das Gedränge geradezu lebensgefährlich wurde. Ein Zurück gab es nicht mehr; wohl oder übel mußten wir uns dem Strome überlassen. Wir kamen aber doch dabei auf unsere Kosten, da wir reichliche Gelegenheit fanden, das Volk in seinem Vergnügen und in seiner Festtagsstimmung zu beobachten. Arg genug ging es allerdings dabei her. Hüben und drüben ein ohrenzerreißender Lärm! Hier staute sich die Menge vor einer Bude, in der komische Tänze aufgeführt wurden, dort umgab sie in dichtem Knäuel ein Brettergerüst, auf dem eine bunt ausgeputzte Musikbande ihre betäubenden Klänge ertönen ließ, und an anderen Stellen geberdete sie sich derart toll, daß es uns schließlich nicht übelzunehmen war, wenn wir so schnell als möglich aus diesem Treiben herauszukommen suchten. Das gelang uns denn auch, wenn auch erst nach vieler Mühe. Aber wohin gerieten wir?! Fast möchte ich sagen: vom Regen in die Traufe. Wir bogen in eine Gasse ein und wurden nur zu bald inne, daß wir uns in anrüchiger Gegend befanden. Sperrangelweit standen Tür und Fenster der Häuser offen, und in allen Sprachen der Welt riefen aufgedonnerte und geschminkte Mädchen die Vorbeigehenden an und suchten sie zum Nähertreten zu bewegen. Leider, leider sah ich auch unter diesen elenden Geschöpfen Kinder unseres Volkes, und so angenehm uns sonst der Anblick einer Landsmännin ist, hier ward er zur wehen Qual. Ich erkundigte mich nach vielen Einzelheiten dieser häßlichen Einrichtung und stellte vor allem die Frage, woher es käme, daß Zugehörige unseres Reiches in diesen von der Heimat so fernen Stätten des Lasters zu finden seien, und erhielt darauf die bittere Antwort, daß diese Geschöpfe zum großen Teil auf dem Wege des abscheulichen Mädchenhandels in diesen Sumpf gelangten. Oft zögen sie aus dem Vaterland in gutem Glauben fort, in der Fremde bessere und zwar durchaus anständige Stellen zu erhalten. Werden sie dann eines Tages gewahr, wo sie sich befinden, so ist es gewöhnlich schon zu spät, um dem sicheren Verderben zu entgehen. Was die Nationalität anlangt, sollen hier leider unsere Landeskinder am meisten vertreten sein, wieweit das zutrifft, weiß ich nicht; ich habe aber bei oberflächlicher Betrachtung gesehen, daß so ziemlich alle mir bekannten Völker Prostitutionsmaterial stellen. Auch waren alle Altersstufen vertreten – von 13jährigen Mädchen bis hinauf zu 50jährigen Alten.

So hatte denn leider unsere so heitere Festesstimmung einen häßlichen Nachgeschmack bekommen; wir hatten zu nichts mehr rechte Lust und strebten dem Hafen zu.

Auf dem Rückweg entdeckten wir ein japanisches Restaurant, wie man uns sagte, das einzige in Singapore. Es gehört einem Japaner, der es in Gemeinschaft mit seiner, gleichfalls aus Japan gebürtigen Frau leitet, und gut leitet, wie uns die kurze Einkehr, die wir dort hielten, aufs beste bewies. Wir tranken ein paar Flaschen Bier, unterhielten uns mit den erfreuten Wirtsleuten in unserer Muttersprache und brachen dann zu unserm Schiffe auf. An Bord angelangt, bemerkte einer von uns, daß ihm sein Portemonnaie abhanden gekommen war, unwillkürlich faßten wir alle in unsere Taschen – und siehe da, auch ein zweiter unserer Kameraden hatte einen Verlust zu beklagen, er vermißte seine wertvolle Zigarrentasche. Offenbar waren beide Freunde im Gedränge das Opfer geschickter Taschendiebe geworden.

Jinrikisha in Singapore.

Am nächsten Morgen gingen wir wieder an Land, um den berühmten »Botanischen Garten« von Singapore zu besichtigen. Er liegt jenseits der Stadt und zwar in ziemlicher Entfernung von ihr. Auf dem Wege dorthin sprachen wir in der Niederlage des reichen japanischen Kaufmannes Mitsui vor, den ich bereits in meinen Reiseschilderungen über Hongkong erwähnte. Sein Vertreter, Herr N., der uns von früher her befreundet war, bot sich uns als Führer an und stellte uns seine Geschäftskutsche zur Verfügung; leider aber war sie nicht groß genug, um uns alle aufzunehmen. Wir sahen uns daher nach Mietsdroschken um, wohin wir aber auch blickten, nirgends war eine aufzutreiben, sie waren längst bei dem gesteigerten Verkehr dieser Festtage mit Beschlag belegt. Wir mußten also etwas anderes ausfindig machen und mieteten mit Mühe und Not endlich ein paar Rollstühle, setzten uns hinein, und heidi, ging es dem Botanischen Garten zu. Schon waren wir eine Strecke gefahren, da stellte sich ein neues Hindernis uns entgegen, diesmal in Gestalt von Schutzleuten, die uns verboten, weiterzufahren, denn in kürzester Zeit sollte Seine Hoheit vorbeikommen. Wir mußten uns also in das Unvermeidliche fügen, stiegen aus, und nun verlangten die Kulis, obwohl wir nur einen kleinen Teil der Strecke zurückgelegt hatten, den Betrag für die ganze Fahrt. Aus Furcht vor einer Szene, wie wir sie bereits früher erlebt, wollten wir schon zahlen, als unser mit den dortigen Verhältnissen genau vertrauter Herr N. uns zu Hilfe kam. Seinen Geldbeutel ziehend und eine Hand voll Münzen unter die Kulis werfend, war eins. Gierig stürzten die Leute darüber her, wir aber wollten uns dabei aus dem Staube machen, was uns jedoch nicht gelang, denn die Kerle kamen uns nach und erhoben von neuem ihr Geschrei. Da aber machte Herr N. kurzen Prozeß, nahm seinen Stock und teilte einige so tüchtige Hiebe aus, daß das Gesindel endlich zurückblieb. Eine Weile gingen wir nun zu Fuß und sahen uns das Treiben näher an. Auf beiden Seiten der Straße bildete das Volk dicht gedrängt Spalier, lange Schutzmannsketten standen davor, und den Damm hinunter fuhr in stetem Hin und Her die offizielle Welt: Equipagen mit Beamten in großer Uniform, Offiziere mit Orden und Bändern, festlich gekleidete Damen u. s. w. Die drückende Hitze machte das Gehen bald unerträglich, wir nahmen daher von neuem ein paar Rollstühle, erlebten aber damit nur eine zweite Auflage unseres Reinfalls. Denn bald riefen die Schutzleute wieder: >Halt! Aussteigen!< – und das Feilschen um das Fahrgeld mit den Kulis begann wieder. So erging es uns noch ein paar Mal, bis wir uns trotz der großen Hitze entschlossen, den Botanischen Garten zu Fuß zu erreichen. Und das Ziel war noch stundenlang entfernt! Die Sonne brannte senkrecht auf unsere Scheitel, der alle Glut förmlich aufsaugende Boden blendete den Blick, der bei jedem Schritt hochaufwirbelnde aschenartige Staub vollendete die Höllenqual. Zwar standen auf beiden Seiten der Straße Palmen und andere tropische Gewächse, sie halfen aber gegen diese Backofenhitze so gut wie garnichts. In Schweiß gebadet, die Kleidung von demselben durchtränkt bei 45 Grad Celsius, kann man sich vorstellen, in welcher Verfassung wir uns befanden. Uns wollten fast die Sinne schwinden, so standen wir eine Weile still. Da mit einem Male hieß es: ›Der Prinz von Wales kommt!‹ Und wirklich, er kam in prächtigem Aufzuge angefahren, in schöner Kutsche und umgeben von glänzendem Gefolge. Und dies Gefolge trug zumeist große Uniform. In dieser Hitze schwere, goldgestickte Uniformen! Was mögen die Armen gelitten haben, wo uns, die wir doch leicht gekleidet waren, der Schweiß wie Wasser vom Körper rann!

Wir ließen den Zug vorüber und machten uns wieder auf den Weg. Wir waren ungefähr eine Stunde fortgeschritten und vor Mattigkeit und Abspannung mehr tot als lebendig, als uns eine leere Droschke entgegenkam. Das belebte unsere Sinne. Wir stürzten uns auf den Rosselenker und wurden auch nach vieler Mühe mit ihm handelseinig. Endlich stiegen wir ein und fuhren nun noch anderthalb Stunden in der brennenden Sonne dahin, bis wir ans Ziel gelangten und mit unseren Freunden, die Dank der Umsicht des Herrn N. alle Beschwerlichkeiten der Straßenabsperrung geschickt umgangen hatten, wieder zusammentrafen.

Kokospalme.

Von dem seinen großen Ruf durchaus rechtfertigenden Botanischen Garten, der viele tropische Pflanzen enthält, kann ich nichts Besonderes mitteilen. Ich bin ja kein Fachmann, und das geringe, was ich zu sagen hätte, dürfte zur Genüge bekannt sein. Man weiß hinlänglich, daß sich die Flora in den tropischen Ländern durch Schönheit, üppige Fülle und Artenreichtum auszeichnet. Das eine nur möchte ich erwähnen, daß hier neben den Pflanzen des indischen Kontinents auch die des indischen Archipels zahlreich vertreten sind; namentlich fielen mir die vielen Arten von Palmen und tropischen Fruchtbäumen auf. Einer von den Aufsehern, ein sehr liebenswürdiger Mann, führte uns herum; für ein Trinkgeld nicht unempfänglich, ließ er es bei der bloßen Führung nicht bewenden, sondern gab uns auch dankenswerte Erläuterungen an der Hand von Experimenten. So pflückte er eine Mangofrucht ab, hackte sie mit seinem Knüttel in Stücke und erklärte uns die Frucht näher. Sie war noch nicht reif, sah noch ganz grün aus und enthielt einen starken ätzenden Saft, dessen bloße Berührung gefährlich war. Der Aufseher überreichte mir auch einen kleinen Zweig von schönen tropischen Blumen, die ich mit aufs Schiff nahm und später in gepreßtem Zustande nach Hause an meine Kinder schickte. – Im Garten sahen wir auch Zwinger, worin sich wilde Tiere, z. B. Tiger, Riesenschlangen, Orang Utang u. a. m., befanden.

Der Stolz des Botanischen Gartens ist aber die einzig in ihrer Art dastehende Sammlung von Orchideen. Hunderte von seltenen Exemplaren sind in ihr vereinigt, und der Gesamteindruck, den diese wunderbare Farbenpracht auf das Auge macht, ist überwältigend schön. Unser Reisegefährte, Herr Professor Takahashi, der sich hier als Botaniker von Fach ganz in seinem Element befand, klärte uns über den hohen Wert dieser Sammlung auf; in Japan, meinte er, wäre derartiges nicht heranzuziehen und zu erhalten, weil unser Klima diesen Pflanzen unzuträglich ist. Damit stand denn auch das in Einklang, was Herr N. erzählte. »Aus Japan,« so berichtete er, »kommen oft Bestellungen auf Orchideen. Namentlich hat es sich der bekannte Politiker und Parteiführer Graf Okuma, der auch als Gartenfreund und Pflanzenzüchter einen großen Namen hat, angelegen sein lassen, diese Pflanzen in unserer Heimat einzubürgern, bisher aber leider mit nur geringem Erfolg. In den weitaus meisten Fällen überdauern sie trotz sorgfältigster Pflege nicht einmal den Transport und kommen welk am Bestimmungsort an.«

Etwa zwei Stunden brachten wir im Botanischen Garten zu, ruhten unter dem schattigen Dach der Palmen, der Mangos, der Bananen und Ananas eine Weile aus und fuhren gegen Abend wieder in die Stadt zurück, wo wir samt und sonders im größten Hôtel »Raffles« einkehrten. Die Nacht war schon längst hereingebrochen, als wir unsern »König Albert« wieder erreichen. Am nächsten Morgen fuhren wir dann ab.

Einer von unserer japanischen Kolonie, Herr Professor Tanaka, blieb in Singapore zurück. Als Berufsbotaniker wollte er auf kurze Zeit nach Batavia fahren, um den dortigen Botanischen Garten, der jenen Singapores noch übertreffen soll, zu besichtigen.

VII.
Penang.

Über die Fahrt von Singapore nach Penang, die anderthalb Tage dauerte, wüßte ich nichts Besonderes zu erwähnen, es sei denn, daß ich die Qualen, die uns die furchtbare Hitze bereitete, näher ausmalte. Doch will ich dies lieber unterlassen: soviel sei nur gesagt, daß der Aufenthalt in der Kajüte eine Folter war. Viele entschlossen sich daher, die Nacht auf Deck zuzubringen. Wir folgten indessen diesem Beispiel nicht, weil der Temperaturunterschied während der Nacht so groß war, daß die, die sich der kühlen Seeluft ausgesetzt hatten, empfindlich an ihrer Gesundheit gestraft wurden.

Anfänglich sollte der Aufenthalt in Penang nur sechs Stunden dauern; da indessen unvorhergesehene große Ladung zu nehmen war, dehnte er sich länger aus. Sobald wir in den Hafen einliefen, nahten sich schon von allen Seiten die verschiedensten Frachtschiffe, um so schnell als möglich ihre Ladung an Bord zu bringen. Hauptsächlich bestand diese aus Tabakblättern. Wohl Hunderttausende von zusammengeschnürten Bündeln wurden verladen. Mitten in der Ladung mußte aber eine Pause eintreten, denn ein heftiges Gewitter entlud sich über uns. Unaufhörlich zuckte der Blitz, rollte der Donner, und in Strömen goß der Regen nieder. Nachdem sich das Gewitter verzogen hatte, wurde die Arbeit wieder aufgenommen und fast die ganze Nacht hindurch fortgesetzt. Unglücklicherweise befanden sich unsere Kajüten in unmittelbarer Nähe des Ladekrahns.

Man kann sich kaum eine Vorstellung von diesem Lärm machen. In einem fort rollten die Fässer dahin, die Ketten rasselten mit lautem Getöse auf und nieder, dazwischen das Hin- und Hergelaufe der Arbeiter, das Fluchen und Kommandieren der Aufseher – kurzum, ein ohrenbetäubender Lärm, der an ein Schlafen, wenn auch nur auf ein Stündchen, nicht denken ließ.

Am nächsten Tag, dem 24., war die Ladung beendigt und zur Mittagsstunde konnten die Anker wieder gelichtet werden. Aller Gesichter heiterten sich auf – doch leider, leider nur auf kurze Zeit. Denn bald begann für uns eine neue Qual. Es machte sich nämlich in allen Schiffsräumen ein ganz eigentümlicher Geruch bemerkbar, der vermutlich von den zum Teil durchnäßt verstauten Tabaksballen herrührte. Überall schlug einem süßliche, widerliche Stockluft entgegen. Am Ärgsten war es im Eßsalon; die Speisen wurden denn auch in vielen Fällen in Stich gelassen. Alles flüchtete sich an Deck, aber auch nach dort verfolgte uns der Geruch. Einigermaßen erträglich war der Aufenthalt nur auf dem Promenadendeck. So verbrachten wir denn dort, auf Rohrstühlen lagernd, diesen und die folgenden Tage.

Der verlängerte Aufenthalt in Penang bot die Möglichkeit, an Land zu gehen und die Stadt in Augenschein zu nehmen. Viele nahmen auch diese Gelegenheit wahr. Wir Japaner aber zogen es nach der großen Abspannung, die uns die schlaflos verbrachte Nacht bereitet hatte, vor, an Bord zu bleiben. Und wir taten recht daran. Denn als unsere Mitreisenden von ihrem Abstecher heimkehrten, bedauerten sie lebhaft, daß sie nicht unserem Beispiel gefolgt wären. So hatten sie beispielsweise den großen Wasserfall, der eine Sehenswürdigkeit Penangs bildet, nicht in Tätigkeit sehen können, weil ihn die anhaltende Dürre der letzten Zeit fast ganz ausgetrocknet hatte; was über die Katarakte hinunter rieselte, war nicht der Rede wert gewesen.

Soweit wäre der Aufenthalt in Penang nichts als eine Kette von Unerquicklichkeiten gewesen – doch halt! Nein, es war nicht ganz so schlimm. Es gab auch lichte Seiten. Und dazu rechne ich das Fest, das der Kapitän des »König Albert« zu Ehren des Königs gab, dessen Namen unser Schiff trug. König Albert von Sachsen hatte am 23. seinen Geburtstag, der festlich begangen werden sollte. Schon am frühen Morgen wurde die sächsische Fahne gehißt. Am Abend sollte dann ein großes Festmahl sein, darauf Illumination und Tanz auf dem Promenadendeck. Das heraufziehende Gewitter machte indessen einen Strich durch dies Programm; die Illumination sowie der Tanz mußten ganz ausfallen. Das Festmahl fand aber statt und verlief in würdiger Weise. Küche und Keller gaben ihr Bestes her, und in fröhlicher Stimmung sprachen alle den Kunststücken unseres Hans Küchenmeisters zu.

VIII.
Colombo.

Der Hafen von Colombo.

Die Fahrt von Penang bis Colombo war die bisher zweitlängste. Vom 24. mittags bis zum 28., also dreieinhalb Tage, waren wir auf offener See. Die Hitze hatte eher zu- als abgenommen, wozu dann noch die sich von Tag zu Tag steigernde Unruhe des Meeres kam. Auch konnten wir nicht sofort in den Hafen einlaufen, sei es, daß der Lotse nicht zeitig genug für uns frei wurde, sei es, daß irgend ein anderer Grund vorlag – genug, wir mußten vor der Einfahrt vor Anker gehen und dort zwei Stunden liegen bleiben. Wir ließen uns diese Verzögerung nicht verdrießen, sondern betrachteten aufmerksamen Auges unsere Umgebung. Von allen Häfen des chinesischen und indischen Meeres, die ich bisher gesehen habe, ist der von Colombo unstreitig der schönste. Von Natur ist er nicht allzu gut gelegen, deshalb hat Menschenhand nachhelfen müssen; und so sind denn großartige Schutzanlagen geschaffen worden. Gewaltige Molen – große steinerne Dämme bekanntlich – laufen eine weite Strecke ins Meer hinein, und es ist ein herrlicher Anblick, wenn man sieht, wie Welle auf Welle gegen den Damm hochaufspritzend anprallt oder mitunter auch wohl über die blitzblanken Steine gischend dahinfegt.

Der Blick auf Hafen und Stadt bietet ein wunderbares Panorama. Wie mit Schiffen vollgepfropft breitet der Hafen sich aus. Kriegsschiffe, Passagierdampfer, Kauffahrteischiffe aller Art und aller Nationen ankern in buntem Durcheinander. Dazwischen schießen, den Hafenverkehr vermittelnd, die einheimischen Dschunken. Und dahinter liegt dann die Stadt! So malerisch gelegen ist wohl keine im indischen Archipel. Terrassenartig steigt sie auf und wird von prächtigen Wäldern eingesäumt. Es war wohl nicht zuviel gesagt, wenn man von Ceylon als dem Paradies der Welt gesprochen hatte.

Rathaus in Colombo mit Holländischem Turm.

Dagoba in Colombo.

Als nun unser Schiff endlich in den Hafen einlief, wiederholte sich das nämliche Schauspiel wie bisher: von allen Seiten stießen unaufhörlich kleinere Küstenschiffe auf uns zu, die eine schreiende Schar von Händlern an Bord brachten. Jeder wollte den andern im Geschäftemachen überbieten, und man braucht nicht erst auszumalen, welch' Konzert daraus entstand. Auch an uns Japaner machten sich die Leute heran; wir ließen uns aber nicht viel auf ihre Unterhandlungen ein. »Wir hätten keine Zeit« sagten wir, »wir haben heute noch viel vor und wollen an Land!« »An Land?« rief es da aus der Menge – und siehe, ein Inder trat hervor und bot sich uns als Führer an. Er radebrechte besser englisch als die andern und betonte, daß er für uns wie geschaffen sei, da er selber längere Zeit in Japan gewesen und schon des öfteren die Ehre gehabt hätte, japanische Herren führen zu dürfen. »So?« fragten wir. »Gewiß!« erwiderte er, »bitte, meine Herren, sehen Sie sich meine Papiere an,« und damit überreichte er uns einen Stoß von losen Blättern. Neugierig blickten wir hinein, fanden auch manch von japanischer Hand geschriebenes Wort der Anerkennung darin, doch fehlten auch Warnungen vor ihm nicht. Da uns aber der Mann keinen unüblen Eindruck machte, so verpflichteten wir ihn nach einer Weile Feilschens für den ganzen Tag und zwar für einen ziemlich hohen Preis.

In der Altstadt von Colombo.

Wir fuhren also mit unserem Führer dem Lande zu, das wir in ungefähr zehn Minuten erreichten. Sofort mieteten wir uns zwei elegante Wagen und begaben uns zuerst in die innerhalb der Festungswerke gelegene »Europäische Stadt«, die, wie der Name sagt, von Europäern und zwar besonders von holländischen Abkömmlingen bewohnt wird. Die Häuser sind in europäischem Stil erbaut, jedoch mit den Abänderungen, die das Klima bedingt. Hier befinden sich die Regierungsgebäude, eine protestantische und eine katholische Kirche, ein Militärhospital u. s. w. Dieser europäische neue Stadtteil sowie die Festungswerke sollen von den Holländern errichtet worden sein, welche sich seit der Mitte des 17. Jahrhunderts hier niederließen, nachdem sie die Portugiesen vertrieben hatten. Nach ca. anderthalbhundert Jahren mußten aber die Holländer den Engländern weichen. Jetzt wird die Insel Ceylon von einem englischen Gouverneur verwaltet.

»Japan!« »Japan«!

Wir fuhren aus den Festungswerken heraus und kamen damit in die Altstadt, wo sich die portugiesischen und holländischen Mischlinge – die sogenannten Eurasier – Singhalesen, Tamilen, Mohren, Malayen, Neger u. a., niedergelassen haben. Die Straße, die wir hinabfuhren, war zu beiden Seiten mit den hier wild wachsenden Brot-, Mango- und Zimmetbäumen besetzt, auch an zu imposanter Höhe aufsteigenden Palmen fehlte es nicht. Ebenso verschieden wie die Flora war aber auch das, was der Mensch hier hingebaut hatte: die Häuser. Da gab es eine ganze Reihe von Gebäuden, auf die der Name >Haus< wohl kaum paßte, Hütten waren's und zwar oft der ärmlichsten Art. Daneben erhoben sich aber ansehnliche, ja bisweilen prächtige Gebäude in europäischer Stilart. Die Besitzer können sich den Luxus recht gut leisten. In der Mehrzahl sind es reiche Engländer, die sich vom Geschäft zurückgezogen haben und nun ganz ihrer Ruhe und Bequemlichkeit leben. Und sie haben entschieden einen guten Geschmack. Ringsum nichts als Wiese, wogende Felder und Wald. Weiter und weiter fuhren wir ins Land hinein, überall neue Pracht und neue Wunder. Wie betäubt von all dem Herrlichen waren wir und wir glaubten, daß dieses köstliche Fleckchen Erde frei von menschlicher Armut, von menschlichem Elend sein müßte. Doch dem war nicht so. Die Eingeborenen, die in dem schlechten Ruf stehen, Müßiggänger zu sein, schienen uns davon einen Beweis geben zu wollen. Allenthalben kamen halbnackte Kinder uns in den Weg gelaufen, hielten die Hand auf und schrieen ununterbrochen: »Japan! Japan!« Einige von ihnen hielten auch Blumen feil, aber selbst diesen kleinen Schelmen gegenüber war Vorsicht nötig. Kaum hatten sie nämlich das Geld in Empfang genommen, als sie sich auch aus dem Staube machten und zwar ohne uns die Blumen zurückzulassen.

Die Eingeborenen sollen auch, wie dies ja von den Bewohnern der heißen Zone bekannt ist, leidenschaftlich und genußsüchtig bis zur Ausschweifung sein. Unsere Fahrt führte uns dann zum Buddhatempel, den wir unter Führung eines Priesters besichtigen durften. Unsere ziemlich hochgespannten Erwartungen wurden indessen wenig befriedigt. Der Tempel bietet trotz seiner oft gerühmten Schönheit nichts Besonderes. Er soll der Hauptsitz des Buddhismus sein; wir hatten uns daher auf ein Bauwerk von hohem kulturhistorischen Interesse gefaßt gemacht, hatten gehofft, einen von Kunstschätzen nur so strotzenden Tempelbau zu Gesicht zu bekommen – und statt dessen, was sahen wir? Ein Bauwerk in neuem und nicht gerade schönem Stil. Die Wände im Innern waren mit grellbunten Farben angestrichen und mit allerhand komischwirkenden Figuren bemalt. Die Beleuchtung war schlecht; übelriechende und viel Rauch entwickelnde Kerzen hellten bloß schwach das Dunkel auf. In der Hauptpagode befindet sich das in Holz geschnitzte Bildnis des Buddha in liegender Stellung, in den Seitenräumen sind allerlei Götzenbilder aufgestellt. Die Gemälde an den Wänden stellen das Leben nach dem Tode vor, die Seelenwanderung, wie die Buddhisten sie nach ihrer Lehre annehmen. Da sahen wir auf der einen Seite die Hölle mit ihren teuflischen Gestalten, auf der andern das Paradies mit den guten, frommen Menschen, die hier nach dem Tode ein herrliches neues Leben führen dürfen. Hinter der Pagode, außerhalb des Gebäudes, befindet sich ein Grabmal – eine Dagoba – worin Buddhas Zähne oder sonstige Andenken an ihn begraben liegen sollen. Es ist recht stimmungsvoll angelegt. Von einem wundervollen Blumenflor ist es umgeben, und große Vasen, denen Weihrauch entströmt, stehen davor; besonders fiel mir ein Tisch ins Auge, auf dem sich kleine, weiße und äußerst wohlriechende Blüten in künstlerischer Anordnung befanden. Mein Führer bedeutete mir, daß dies Blüten eines dem Buddha geweihten Baumes seien, und glaubte seiner Hochachtung vor mir keinen besseren Ausdruck geben zu können, als daß er mir eine dieser Blüten als Geschenk überreichte. Mit Dank nahm ich dies Andenken an und habe es zusammen mit anderen dieser Art meinen Lieben zugesandt.

Rechts am Eingang zum Tempel stehen kleinere Gebäude, in welchen die Bonzen wohnen; in ihrer Tracht gleichen sie ihren Brüdern in Japan, nur tragen sie mit Vorliebe Gelb. Wo man sie sieht, halten sie einen Rosenkranz in der Hand, auch sonst scheinen sie es mit ihrer Aufgabe recht ernst zu nehmen; Beten und Fasten ist augenscheinlich ihre Hauptbeschäftigung. Einen wohlgenährten Bonzen habe ich nicht bemerkt, hingegen viele bleiche, hagere und hohläugige Gestalten.

Fruchtladen in Colombo.

Daß aber dieser Ort nicht durchaus ernsten und weltabgewandten Dingen geweiht ist, beweist das Vorhandensein einer ganz modernen Einrichtung: es liegt nämlich ein Fremdenbuch aus. Selbstverständlich verewigten auch wir uns darin und befolgten damit nur das, was vor uns viele Landsleute getan hatten. Ein flüchtiges Durchblättern zeigte mir manchen Namen aus meinem heimatlichen Freundeskreise. Das Fremdenbuch war denn auch für mich das Interessanteste, alles übrige blieb weit hinter den Erwartungen zurück. Ich hatte mir den Ort, der für die Lehre des Buddha soviel bedeutet, denn doch etwas imposanter ausgemalt. In den Ländern, die Buddhas Lehre weiter entwickelt und vervollkommnet haben, wie beispielsweise bei uns in Japan, sind zweifelsohne großartigere Anlagen dieser Art, als hier in Colombo. Allerdings muß ich hinzufügen, daß das eigentliche buddistische Heiligtum Ceylons sich in Candy, der alten

Hauptstadt, befindet. Die Möglichkeit, dorthin zu gelangen, war uns gegeben worden; unter den Reisenden hatte man nämlich eine Umfrage gehalten, wer Candy besichtigen wolle. Da die Beteiligung groß war, so ließ die Eisenbahnverwaltung einen Sonderzug abgehen; wir Japaner hatten aber unsere Zeit bereits eingeteilt und standen deshalb zu gunsten anderer Besichtigungen davon ab. Nachher hat uns aber diese Nichtbeteiligung gereut. Denn das Heiligtum in Candy soll wirklich von großer Bedeutung sein. Einer meiner Reisegefährten entwarf eine begeisterte Schilderung davon. Auch befände sich dort die Ruine eines alten, zerfallenen Buddhatempels und Palastes. Die Fahrt zu diesen Heiligtümern soll unbeschreiblich schön sein, Mutter Natur soll hier ihr Meisterwerk getan haben. Mein Berichterstatter, der sonst ziemlich nüchtern war, war in Erinnerung an diese landschaftlichen Schönheiten wie umgewandelt und Ausrufe wie »Wunderbar!« »Hochromantisch!« unterbrachen in einem fort seine lebhafte Erzählung.

Singhalese mit Bananen.

Die Besichtigung des Tempels hatte uns recht müde gemacht; wir hielten es aber nicht mit den Bonzen: Fasten war für uns nichts! Wir begaben uns vielmehr in ein Hôtel, das am Strand gelegen und europäisch eingerichtet war. Wir hatten die salzigen Gerichte an Bord herzlich satt bekommen und freuten uns, nun wieder etwas Frisches zu erhalten, sodaß wir uns daher das Vorgesetzte doppelt gut schmecken ließen und tüchtig zulangten. Hummern, Fische und Muscheln wurden mit vielem Appetit verzehrt; am meisten sprachen wir aber den Früchten zu. Was für Früchte waren das aber auch! In so üppiger Fülle und Form dürften sie wohl nur hier an der Quelle gedeihen. Da wir diese Früchte zum ersten Male genossen, so legten wir uns anfangs eine wohl begreifliche Vorsicht auf, doch mundete uns diese Götterspeise so ausgezeichnet, daß wir bald unsere Vorsicht sein ließen – und es ist uns auch alles gut bekommen. Besonders angenehm schmeckte eine Melonenart. Sie war groß wie ein ausgewachsener Menschenkopf und ihr frisches, saftiges, gelbes Fleisch war wirklich etwas für Feinschmecker. Es war daher kein Wunder, daß wie aus einem Munde das Gelöbnis kam: »Wenn wir auf der Rückreise nirgends einkehren sollten, hier, wo so edle Gewächse reifen, tun wir es gewiß!« Auch die Bedienung war gut. Braune eingeborene Kellner verrichteten sie zur vollsten Zufriedenheit; sie sahen in ihrem sauberen weißen Linnen appetitlich aus, waren die Aufmerksamkeit selber und servierten flink und geschickt. Aber es mußte dafür auch ein hohes Trinkgeld gegeben werden, dessen Höhe auf der Speisekarte pro Person genau festgesetzt war. Wir zahlten denn auch willig und begaben uns auf die Veranda, die einen herrlichen Ausblick auf die See gewährte. Auf bequemen Lehnstühlen pflegten wir dort der Ruhe. Was das Auge sah, war von Anfang bis zu Ende eine entzückende Pracht. Bis an die See dehnte sich ein üppiger Blumengarten aus, der hier und da von prächtigen Rasenflächen unterbrochen wurde. Die Strandlandschaft gemahnte uns mit ihren mächtigen Felsen, grünen Wäldern und all dem andern Schönen an die japanische Küste, und so schweifte denn der freudetrunkene Blick des Europafahrers weit hinüber über die Fluten, die soeben durchfurcht worden waren, und sah die Heimat in sonnenhellem Glanze schimmern, sah die Lieben daheim, und sacht schloß sich das Auge in seligem Traum. Doch währte derselbe leider nicht lange, die Zeit mahnte zum Aufbruch.

Landschaft bei Colombo.

Als wir aus dem Hôtel traten, kam uns ein Inder mit einem großen Korbe voller Schlangen entgegen; er ließ seine Reptile zischen und nach der Musik einer Flöte sich aus ihrem Korbe erheben, indem er sich erbot uns für Geld weitere Kunststücke vorzuführen. Uns war aber der Anblick dieser Tiere widerlich, wir wehrten deshalb entschieden ab, bestiegen unsere Wagen und wandten uns der zweiten Nummer unseres Pensums zu: Besichtigung des Hindutempels. Das Schönste an ihm ist sein Eingang, der reich mit Holzschnitzerei verziert und in allen möglichen Farben angestrichen ist. Leider entspricht das Innere nicht den Erwartungen. Besonders Sehenswürdiges wüßte ich darin nicht anzuführen. Auch soll dieser Bau mehr ein bloßer Versammlungsort als eigentlicher Tempel sein. An den Besuch des Hindutempels schloß sich derjenige der Moschee, in der die dem Mohamedanismus anhängenden Eingeborenen ihre Andacht abhalten. Es ist ein erst in neuerer Zeit aufgeführtes Gebäude; das Äußere war so einfach und schlicht wie nur möglich gehalten, und wir hatten wohl nicht viel verloren, wenn uns, den Bekennern eines anderen Glaubens, die Besichtigung des Innern vorenthalten wurde.

Schlangenbeschwörer.

Wir fuhren daher weiter und kamen an dem sehr schönen sogenannten »goldenen Garten« vorbei und sahen auf der rechten Seite einen reizenden kleinen See liegen, welcher uns lebhaft an den Shinobazu no Ike in Tokio erinnerte. Unterwegs fielen uns ganz sonderbare Gestalten auf. Eingeborene, die auf das bunteste aufgeputzt waren und auf dem Kopf gewaltige Hörner trugen. Wahre Teufelsfratzen! Sie stellten in der Tat auch etwas Ähnliches dar. Nach Angabe unseres Führers waren es Leute, die sich so für ein Fest, bei dem sie als »Teufelstänzer« mitwirken sollten, zugerichtet hatten.

Am See von Colombo.

Teufelstänzer in Colombo.

Bevor wir uns wieder zum Hafen zurückbegaben, berührten wir noch einmal die Stadt und machten dort Einkäufe. Diese Gelegenheit gab uns einen ungefähren Begriff von der großen wirtschaftlichen Produktivität Ceylons. Was war da nicht alles zu sehen! Von den Edelsteinen werden Rubine, Saphire, Topase etc. hier gewonnen; auch Bergkrystalle, wasserhelle und rosenrote, Granaten, rote und braune, finden sich hier. Dazu gesellen sich verschiedene Metalle wie Eisen, Zinn, Nickel, Arsenik, Gold (zwar in geringer Menge) u. s. w. Ferner ist Colombo ein Hauptstapelplatz für Hölzer, die nicht nur für den Bau von Häusern und Schiffen, sondern auch, namentlich in ihren zarteren Arten, für feinere Tischler- und Schnitzerarbeit sehr gesucht sind. Der Reichtum der Insel an Gewürz, namentlich an Pfeffer und Zimmt, ist von altersher bekannt. Sodann gehören der berühmte Ceylontee, Kaffeebohnen, Kokosöl und aus den Fasern von Palmen gewonnenes Tauwerk zu den wichtigsten Ausfuhrartikeln; auch kunstvolle Schnitzereien aus Elfenbein und Ebenholz, von denen wir einige Stücke einkauften, findet man. Alle diese Waren sahen wir in Hülle und Fülle in den vielen Läden aufgespeichert. Da sich indessen unter den wertvollen Sachen, insbesondere unter den Edelsteinen, viele Fälschungen befinden, so muß der Käufer sehr auf der Hut sein; auch tut er gut, von vornherein mit einem hohen Aufschlag zu rechnen und die unangenehme Kunst des Handelns tüchtig in Anwendung zu bringen.

Tamule.

Das Straßenbild in Colombo ist äußerst bunt; da sieht man die Bonzen in ihrem gelben Gewande, die Araber und Türken mit roter Kopfbedeckung, die Eingeborenen, halbnackt, ein rotes, weißes oder anderes farbiges Tuch um ihre Lenden gewickelt; dazu kommen noch die elegant angekleideten Engländer, die Nachkommen der Holländer, der Portugiesen u. s. w. – Von den verschiedenen Klassen der Bevölkerung sind die Singhalesen hauptsächlich Handwerker und Bediente, die Parsen fast ohne Ausnahme Kaufleute, die Mohren Kleinhändler, die Malayen Soldaten, die Tamulen Feld- und Gartenarbeiter. – Ebenso mannigfaltig wie die Bevölkerung ist auch die Verschiedenartigkeit der Mundarten; doch sind Singhalesisch und Tamulisch die beiden herrschenden Sprachen. Holländisch ist schon ganz ausgestorben, Englisch aber nimmt immer mehr zu und wird als Umgangssprache von den meisten gebraucht und verstanden.

Tamulin.

So waren wir nun mit der Besichtigung der Stadt fertig. Am Abend ruhten wir im »Indischen Hôtel« dicht am Hafen aus und konnten von hier aus das ganze weite Becken übersehen. Die soeben untergehende goldene Sonne färbte mit ihrem Purpur die eine Hälfte des tiefblauen Himmels und des weitausgestreckten Meeres. Wir erfrischten uns an einem Glase Exportbier und kehrten erst spät in der Nacht zum »König Albert« zurück.

Was uns in Colombo noch besonders interessierte, waren die von den Engländern gefangenen Buren, welche in armseligen Hütten untergebracht waren. Beim Vorüberfahren bemerkten wir, daß viele von diesen Schwergeprüften in dürftiger Kleidung umhergingen. Ein wahres Bild des Elends! Ein wehes, ach so unendlich wehes Gefühl beschlich uns. Diese Helden, die an Tapferkeit, Vaterlandsliebe und Entsagung das Menschenmöglichste geleistet hatten, nun hier, fern von der über alles geliebten

Heimat, in der Verbannung, in der Fremde, im Elend! In regem Mitgefühl grüßten wir hinüber und unser stiller Wunsch war, daß ihrer Sache doch noch der Sieg beschieden sein möge, ein Wunsch, der, wie die weiteren Ereignisse gelehrt haben, leider ein frommer geblieben ist.

Doch waren die Buren nicht allein. Sie hatten noch einen Schicksalsgefährten: den Egypter Arabi Pascha, den bekannten Führer des von den Engländern unterdrückten Aufstandes von 1881. Wir hörten jedoch, daß man die Absicht habe, ihn in kurzer Zeit freizulassen, da er bei den inzwischen veränderten Verhältnissen der Regierung nicht mehr gefährlich sein würde.

Leider war unsere Zeit für die weitere Besichtigung von Ceylon zu kurz bemessen, doch hatten wir von diesem einen Tag genug, denn die erstickend heiße Luft wirkte so erschlaffend auf uns, daß wir froh waren, diesen Tag endlich glücklich überstanden zu haben. Auch die elend aussehenden Eingeborenen, die Art und Weise ihres Lebens u. s. w. wollten uns nicht besonders imponieren. Zwar hatten wir hier manche Naturschönheiten gesehen, aber die Ansicht derjenigen, welche uns gesagt hatten, daß diese Insel als Paradies der Welt zu betrachten sei, konnte ich leider nicht teilen, zur Bewahrheitung eines solchen Ausspruches gehört doch noch etwas mehr!

IX.
Aden.

Nachdem wir noch eine Nacht vor Colombo gelegen hatten, verließ unser »König Albert« den Hafen und setzte die Reise fort. Jetzt kam die längste Tour. Unsere Freude war daher groß, als am sechsten Tage der Ruf erscholl: »Land in Sicht!« Schon beim Verlassen des Hafens am 29. April vormittags 9 Uhr war das Meer unruhig und zeigte einen ziemlich hohen Wellengang; bei wolkenlosem Himmel blies der Wind so stark, daß das Schiff bald auf die rechte, bald auf die linke Seite geschleudert wurde. Am folgenden Tage war es noch schlimmer; der Dampfer ging abwechselnd vorn und hinten hoch wie ein Schaukelbrett, ab und zu schlug eine Welle über das Vorderdeck hinweg. Der Gischt sprang weit über unsere Köpfe und das unheimliche dumpfe Dröhnen und Klirren der Schiffsschrauben mischte sich in das Tosen der Elemente. Mit bedenklichen Gesichtern standen die Offiziere auf dem Deck. Eine Zeit schwerer Arbeiten begann für die Mannschaften. Wir nahmen Zuflucht in unsere Kajüte. Manche Reisegefährten zeigten recht blasse Gesichter, und die Unterhaltung wollte nicht recht in Fluß geraten. Die Mittagstafel im Speisesaal wies bedenkliche Lücken auf; von unserer Kolonie waren nur zwei vertreten. Wie uns der Offizier mitteilte, war das Unwetter auf einen heftigen Sturm zurückzuführen, der einige Tage vorher hier gewütet hatte. Doch unser seetüchtiger »König Albert« arbeitete rastlos weiter, durchschnitt stampfend mit unwiderstehlicher Kraft die drohenden Wogen, bis wir endlich am 3. Mai die Insel Sokotra erreichten, an der wir nördlich vorüberfuhren. Noch immer stürzten die Wogen mit hohen Kämmen über die Wasserfläche dahin, aber die eigentliche Kraft des Sturmes war gebrochen. Die Hitze hatte bedeutend nachgelassen, ja, es herrschte eine ganz angenehme Temperatur. Fliegende Fische schnellten aus dem Wasser empor und durchschnitten in schönem Bogen die Luft; einige von ihnen fielen auf das Verdeck nieder, und der dicke Hans Küchenmeister fing sie als willkommene Beute schmunzelnd auf.

Im Laufe des Tages beruhigte sich die See vollständig und nur kleine Wellen kräuselten ihre Oberfläche. Es wurde Abend. Die Sonne neigte sich zum Untergang und warf ihre Strahlen glühend ins Meer. Weit und breit herrschte die tiefste Stille; nur das leise Geräusch der Wogen, die vom Winde spielend hin und her bewegt wurden, war hörbar. Da – welch ein großartiges Schauspiel! – steigt aus den feuchten Dünsten, gerade der Sonne gegenüber, leise der liebliche Vollmond herauf. Anfangs erblickt man nur den oberen Rand der Mondscheibe, dann wächst sie langsam, fortwährend ihre Gestalt verändernd und immer neue Schönheiten entfaltend, zu einem ungeheuer groß erscheinenden Halbkreis an. Jetzt wird sie in ihrer ganzen Größe, in ihrem vollen Glanze sichtbar und sendet ihre Strahlen auf die krystallenen Wellen, sodaß diese von einer Seite wie mit Silber überschüttet schienen, während sie auf der andern Seite von den purpurnen Strahlen der untergehenden Sonne wie fließendes Gold glitzerten. Die ungeheure Wasserfläche, in deren Mitte wir uns befanden, erscheint, so weit das Auge reicht, in einer Breite von tausend und abertausend Meilen mit Millionen und Millionen funkelnder Brillanten und Perlen übersät. Und auf beiden Seiten des so wunderbar beleuchteten, unendlich breiten Meeres die beiden herrlichen, teils auf-, teils niedersteigenden Kugeln – was hätte uns ergreifender sein können als diese Offenbarung der wunderwirkenden Kraft der Natur! Bald senkt sich die Sonne auf das Meer herab, um schließlich ganz unterzutauchen. Nur einzelne ihrer Strahlen und die herrliche Beleuchtung des Himmels zeigen an, wo sie sich befindet. Eine Zeitlang liegt der Wasserspiegel noch in stillem Dämmerlicht, bis auch dieses verschwindet und die Nacht ihre dunklen Schatten ausbreitet.

Es ist unmöglich, dieses erhabene Schauspiel der Natur in Worten erschöpfend auszudrücken und ich hätte in diesem Augenblick gewünscht, Dichter und Maler zugleich zu sein. In seliger Wonne ließ ich meine Blicke bald auf das unendliche Meer, bald auf das weite Firmament schweifen und konnte mich nicht satt sehen an diesem Bilde herrlicher Gottesnatur – lange, lange stand ich träumend noch an Bord. – Damals hatte ich auch das Glück, das Südliche Kreuz bewundern zu können, welches an dem nächtlichen Himmel der Tropen allgemein als eins der schönsten Sternenbilder bekannt ist. Wegen der hohen Durchsichtigkeit der Tropenluft erscheint es viel größer und heller mit ruhigem planetarischem Licht.

Am Hafen von Aden.

Unser Schiff arbeitete sich weiter und weiter und brachte uns am 5. Mai nach Aden. Wir sahen schon von weitem den gigantischen Leuchtturm, der, mitten im Meere stehend, den brandenden Fluten und den Angriffen von Wind und Wetter Trotz bietet – ein Triumph der Baukunst! Nichts ist erquickender, als der Anblick eines solchen Turmes, wenn man nach mehrtägiger Fahrt über eine salzige Meereswüste, wo man nichts weiter sieht als Wasser, endlich den Hafen erblickt und des freundlichen weit hinaus strahlenden Lichtes gewahr wird. Der Hafen liegt am Südostende der Halbinsel und ist geräumig genug, um ganze Flotten zu bergen. Unser »König Albert« lief geradenwegs in ihn ein, und so konnten wir nun von Bord aus die englische Seestadt und Festung in Augenschein nehmen. Sie liegt auf einem ziemlich hohen, kahlen und wild zerklüfteten Felsblock, dessen obere Kante wie ein Zickzack ausgeschnitten erscheint. In seiner rötlich braunen Farbe bietet er aber dem Auge nichts Erquickendes dar; kein Baum, kein Strauch ist zu sehen, welcher diesem öden

Felsen Schatten geben könnte. Nur in einzelnen Felsspalten ein spärlicher, halbdürrer Graswuchs – sonst keine Spur einer Pflanzen-, noch weniger einer Tierwelt. Um so reicher ist das Meer damit ausgestattet. Die ganze Küste ist dicht bewachsen mit langen Schlingalgen, die von der Oberfläche des Wassers bis in eine enorme Tiefe hinabreichen. Diese Pflanze, die für die herannahenden Fahrzeuge natürlich eine große Gefahr bildet, ist für das arme Land eine Wohltat infolge der zahllosen Tiere, besonders Fischarten, die zwischen den Blättern dieser Schlinggewächse leben. Auf diese Weise hat die Natur in reichlichem Maße das ersetzt, was dem Lande gänzlich abgeht. Sonst wäre es kaum begreiflich, wie dieses Fleckchen Erde seit altersher in sich hat menschliches Leben bergen können.

Cisternen von Aden.

Von den Passagieren begaben sich nur wenige an Land; auch wir zogen es vor, an Bord zu bleiben. Von einigen der ersteren hörten wir später, daß wirklich nichts Sehenswürdiges auf dem Felsblock zu finden sei, es gäbe dort nur einige Kohlenmagazine, Werften und Faktoreien.

Das einzige, das ihr Interesse erregt hätte, seien die Wasserbehälter. Man hat nämlich, da es sehr schwer ist, auf dem Felsen Brunnenbauten vorzunehmen – es soll allerdings ca. fünfzig Brunnen geben, die sehr tief in den Fels eingehauen sind – mehrere große Wasserreservoirs angelegt, um das vom Gebirge herabströmende Regenwasser aufzufangen. Dies wird dann durch Röhrenleitungen an die Verbrauchsstelle befördert und somit ist dem großen Übelstand, dem Mangel an Trinkwasser, hinreichend Abhilfe getan. Der Regen tritt hier zwar nicht sehr oft auf, jedoch wenn er kommt, fällt er in ungeheuren Mengen und großen Tropfen nieder.

Wenngleich hier keine Landesprodukte gewonnen werden und demgemäß von Handel überhaupt kaum gesprochen werden kann, so ist diese Stadt doch wegen ihrer günstigen Lage von altersher kein unwichtiger Punkt gewesen. Aber erst in neuerer Zeit, seitdem die Engländer sie durch Gewalt in ihre Hände gebracht und den ohnehin von der Natur zu einer uneinnehmbaren Feste geschaffenen Fels noch stärker befestigt und die Stadt zum Freihafen erklärt haben, ist sie sowohl in kommerzieller als auch in politischer Hinsicht von großer Bedeutung geworden. Sie bildet jetzt für England ein Bindeglied mit Ostasien und Ostafrika. Seit der Eröffnung des Suezkanals hat sie noch mehr an Bedeutung gewonnen. Der ungeheure Bedarf an Steinkohlen für die hier passierenden Schiffe wird allein von dieser Stadt gedeckt. So beherrscht jetzt England durch Aden die Einfahrt vom Indischen Ozean in das Rote und hiermit in das Mittelländische Meer, wie es durch Gibraltar die Einfahrt vom Atlantischen Ozean in das Mittelländische Meer beherrscht. Mit Recht nennt man daher Aden das Gibraltar des Orients.

Vor Aden.

Unter den Bewohnern – überwiegend mohamedanische Hindus – herrschen sehr viele ansteckende Krankheiten, weshalb man uns vorher schon davor gewarnt hatte, von den an Bord kommenden Kaufleuten Zigarren, Kuchen u. dergl. zu kaufen. Selbst durch diese sollen, wie ich hörte, Krankheitskeime verbreitet werden; inwieweit hier eine Ansteckungsgefahr vorliegt, kann ich aber nicht beurteilen. Jedenfalls hatten die in Aden ansässigen Hindus und Araber, die an Bord kamen, zum Teil ein schrecklich elendes Aussehen; nicht wenige waren mit Narben, Beulen und Geschwüren behaftet, so daß wir den größten Ekel vor ihnen empfanden und schon aus diesem Grunde auf die von ihnen angebotenen Waren verzichteten. Drollig war es, die dunkelhäutigen Knaben zu beobachten, die in winzigen Kähnen unser Schiff umkreisten und nach Silbermünzen im Wasser tauchten. An diesem nicht gerade sehr genußreichen Ort hielt sich unser Schiff Gott sei Dank nur etwa fünf bis sechs Stunden auf; die Abfahrt in das Rote Meer erfolgte den 5. Mai mittags.

Ich muß hier bemerken, daß ich in Aden einen Brief von meinem lieben Freunde, Herrn Professor Jamaguchi, aus Leipzig erhielt. Er war ein halbes Jahr vor mir nach

Deutschland abgereist und hatte öfters über seine Reise Interessantes nach Japan berichtet, auch hatte er mir für meine Reiseausrüstung verschiedene Winke gegeben, aus denen ich viel praktischen Nutzen gezogen habe. Ebenso hatte er mir in betreff der Reise und der während der Fahrt zu besichtigenden Städte und Sehenswürdigkeiten vieles geschrieben, was mir sehr nützlich geworden ist, wofür ich ihm sehr dankbar bin. Der Brief war vom 17. April datiert und der erste, den ich während meiner Fahrt erhielt. Wie groß meine Freude über denselben war, kann man sich leicht denken. Als mein Stubensteward ihn mir auf einem Tablett in die Kajüte brachte, streckte ich schnell meine Hand nach ihm aus, erbrach ihn in Hast und verschlang förmlich seinen Inhalt, welcher im wesentlichen folgender war:

»Deinen letzten Brief vom 10. März habe ich richtig erhalten. Ich ersehe daraus, daß Du am 6. April von Japan abgefahren bist und freue mich ungemein, daß uns endlich ein fröhliches Wiedersehen in nicht allzulanger Zeit vergönnt ist. Diesen Brief schicke ich Dir durch den deutschen Postdampfer »Sachsen« nach Aden, adressiert an Dich an Bord des »König Albert«. Du wirst wohl Langeweile auf dem Indischen Ozean gehabt haben, ebenso wie ich. Hoffentlich ist die Fahrt eine ruhige gewesen und Dir nichts passiert. Wir hatten eine schwere Überfahrt, denn schon in der Nähe von Hongkong war das Meer sehr bewegt. Ein Gewitter mit Sturm und Regen hatte sich erhoben, sodaß der Tisch beim Essen einen Holzrahmen erhalten mußte, um durch diesen das Herunterfallen der Teller zu verhüten. Sonst ging mir's auf dem Meere gut. In Aden wirst Du wohl nicht lange bleiben; auch ich hatte dort keine Zeit, an Land zu gehen. Von Aden wirst Du am Babelmandeb vorbei ins Rote Meer hineinfahren; da werden die Wogen höher gehen und das Schiff stark hin und her werfen, doch was können sie einem Schiffe wie »König

Albert« anhaben? Im Roten Meere wirst Du Schwärme von Delphinen und Springfischen bewundern können. Jene wälzen sich wie dicke Fleischklumpen auf dem Wasser, während diese wie weiße Pfeile darüber hinschnellen. Am 8. Mai etwa wirst Du in Suez ankommen. Dieser Hafen ist, wie Du wohl weißt, der Eingang nach Europa. Als ich in Suez anlangte, kamen zwei Ärzte an Bord, darunter eine Dame, die von den Passagieren mit unverhohlenem Interesse betrachtet wurde. Sämtliche Passagiere ohne Ausnahme mußten sich einer Untersuchung unterziehen.

»Nun will ich Dir mitteilen, wie ich und meine Landsleute uns hier eingerichtet haben. Ich hatte mich, wie ich Dir schon schrieb, seit November vorigen Jahres in Berlin niedergelassen. Da ich aber dem Leben in einer Großstadt die Stille und Ruhe vorziehe, war ich bald nach Eberswalde übergesiedelt, einem von schönen Wäldern umrahmten Ort, der von Berlin per Bahn in 45 Minuten zu erreichen ist. Jede Woche fuhr ich viermal nach Berlin, um Colleg zu hören. Im Februar dieses Jahres jedoch erhielt ich das Verzeichnis aller deutschen Universitäten und ersah daraus, daß die Universität Leipzig Berlin an Lehrkräften – besonders was meine Fächer anbetrifft – überflügelt, und so habe ich mich nach vorangegangener Einholung der Erlaubnis unseres Kultusministeriums in Leipzig niedergelassen. Wie ich aus Deinem Briefe ersehen habe, willst Du vorläufig in Berlin bleiben und dort die Lehranstalten besichtigen. Ich möchte Dir aber hiermit gleich im voraus mitteilen, daß diese Besichtigung mit manchen Schwierigkeiten verknüpft ist. Du mußt nämlich bei dem Kaiserlich Japanischen Gesandten in Berlin ein Schreiben einreichen, mit Angabe der zu besichtigenden Schulen und der Bitte um einen Erlaubnisschein. Dieses Schreiben wird von unserm Gesandten an den preußischen Minister des Äußern gesandt und von diesem zum Kultusminister. Die Genehmigung wird von diesem durch ein Dokument erteilt, welches wieder denselben Weg rückwärts macht, um in Deine Hände zu gelangen. Dieses umständliche Verfahren nimmt mehrere Wochen in Anspruch; bei mir hat es sogar acht Wochen gedauert. Ich konnte diese allzulange Zeit nicht abwarten und bat daher direkt den Kultusminister um Erlaubnis, erhielt jedoch die Antwort, daß ich den vorgeschriebenen Weg durch die Gesandtschaft innehalten müsse. Wenn Du also die Schulen in Preußen besichtigen willst, so schlage diesen vorgezeichneten Weg gleich nach Deiner Ankunft in Berlin ein. Die Zwischenzeit kannst Du der Besichtigung der Sehenswürdigkeiten Berlins widmen oder bei mir in Sachsen zubringen. In Sachsen ist der Besuch der Schulen ebenso wie in Bayern und Österreich ohne weitere Umstände gestattet.

»Was die Universitäten anbetrifft, so ist meiner Ansicht nach die hiesige auch für Dich viel geeigneter. Die uns interessierenden Fächer sind hier besser vertreten und die Einrichtung des hiesigen Seminars scheint mir den Vorzug zu verdienen. Auch hat Leipzig eine Handelsakademie und spielt überhaupt als Industriestadt und als Zentrale des Buchhandels eine große Rolle. Das Studium der fremden Sprachen wird hier sehr eifrig betrieben und Du kannst hier auch auf diesem Gebiet Deinen Erfahrungskreis vergrößern. Komm also doch zu mir herüber nach Leipzig!

»Herrn Legationskanzler Ro, Deinen alten Bekannten aus Deiner Schule, habe ich gebeten, daß er sich für Dich, sobald Du in Berlin angekommen bist, um Wohnung u. s. w. bemühen und Dir mit Rat und Tat zur Seite stehen möchte. Von Genua, wo Du Dein Schiff verlassen wirst, depeschiere doch gleich an ihn; er wird Dich dann in Berlin auf dem Anhalter Bahnhof erwarten und abholen. Alles andere findet sich dann von selbst und Du kannst Dich getrost seiner Führung überlassen.

»Nun zum Schluß habe ich Dir noch etwas recht Trauriges mitzuteilen, nämlich, daß unser verehrungswürdiger Freund, Herr Professor Tachibana, am 23. März von Berlin nach Japan abgereist ist, leider aber wegen Krankheit. Er hat sich nämlich im Dezember vorigen Jahres eine Erkältung zugezogen und seitdem fieberte er sehr stark. Es stellte sich heraus, daß er an Lungenschwindsucht leidet, und da gerade zwei Landsleute, beide Ärzte, nach Japan zurückkehrten, so schloß er sich diesen an und schiffte sich mit ihnen in Antwerpen auf einem japanischen Dampfer ein. Diesem Dampfer »Hitachimaru« wirst Du wohl in Colombo oder in der Nähe davon auf dem Meere begegnet sein. Was Professor Tachibana in England, Frankreich, Deutschland und Österreich besichtigt hat, habe ich in seinem Auftrage für Dich notiert und werde es Dir später mitteilen.

»Herr Professor Haga hat sich seit Anfang April ebenfalls eine starke Erkältung zugezogen; wir wollen wünschen, daß es nur etwas Vorübergehendes ist. Herrn Professor Fujishiro geht es sehr gut.

»In Leipzig sind augenblicklich viele Deiner Freunde zu Studienzwecken anwesend; das Leben ist hier wirklich sehr interessant. Den nächsten Brief von mir wirst Du wohl in Suez oder Port Said erhalten.«

Die Freude über diesen Brief war groß, nur barg er einen Wermutstropfen in sich: die Nachricht von der schlimmen Erkrankung meines teuren Freundes und Kollegen Tachibana. Es war zwischen uns ausgemacht worden, daß er mich in Deutschland erwarten sollte, um von mir gewissermaßen abgelöst zu werden. Diese Nachricht war daher eine große Enttäuschung und ein harter Schlag für mich. Eine dunkle Ahnung stieg in mir auf, daß wir uns vielleicht nicht mehr wiedersehen würden. Hätte ich doch in

Colombo oder auf dem Meere auf einen japanischen Dampfer geachtet, ich hätte ihn dann vielleicht noch sehen oder sprechen können! Ich hegte damals den innigen Wunsch, daß Gott ihm seine Gesundheit wiedergeben möchte, auf daß er, von der Fahrt gekräftigt, seine Lieben in der Heimat umarmen könnte, ein Wunsch, der, wie ich später erfuhr, leider nicht in Erfüllung gehen sollte.

X.
Suez und der Suez-Kanal.

Das Rote Meer! Der Name schon hatte uns ein Grauen eingeflößt, und mit seltsamen Erwartungen waren wir dieser unheimlichen Fahrt entgegengegangen. Man hatte uns nämlich gesagt, daß die Hitze hier außerordentlich groß sei, daß das Wasser dieses Meeres in den Wintermonaten über 26° C. habe und daß in der heißesten Periode die Temperatur des Meeres und der Luft die Blutwärme übersteige, sodaß die Postdampfer zur Umkehr genötigt seien u. s. w. u. s. w., alles Nachrichten, die unserm Ohr nicht gerade angenehm klangen. Ich hatte anfangs geglaubt, daß die Hitze hier nicht größer als in Penang und Singapore sein könnte, zumal das Meer viel weiter vom Äquator entfernt ist. Da es aber in der Mitte der beiden Feuerbecken, der arabischen und der afrikanischen Wüste liegt, so scheint die Entfernung vom Äquator keine besondere Rolle zu spielen.

Wir waren also auf einen harten Kampf mit nassen wie mit sengenden Elementen gefaßt und fuhren beklommenen Mutes durch die breite Meerenge des Babelmandeb oder des Tores der Tränen – »O, sie führt ihren Namen mit Recht,« dachten wir bei unserer jetzigen Stimmung – in das Rote Meer hinein.

Wir konnten daher von Glück sagen, daß wir während der ganzen Fahrt, die volle vier Tage in Anspruch nahm, immer schönes Wetter hatten, daß das Meer infolgedessen so ruhig und spiegelglatt war, wie es nur selten der Fall sein soll. Die so sehr gefürchtete Hitze war auch erträglicher als sonst und lange nicht so schlimm, wie man vermutet hatte. Zuerst passierten wir einige Felseninseln, welche einen schönen Anblick darboten und eine angenehme Abwechselung auf der eintönigen Wasserfahrt bildeten. Sonst gab es nichts besonders Erwähnenswertes; es war immer die alte Langeweile und die gewohnte Tagesordnung: essen, trinken, Mittagsschläfchen halten, auf dem Deck auf- und niedergehen, der Wellenbewegung zusehen und ins Meer hinausschauen, plaudern, gähnen u. s. w. Eine von den Unterhaltungen möchte ich hier anführen, die sich von den mancherlei unsinnigen und albernen vorteilhaft unterschied, nämlich die Frage, woher der Name des »roten« Meeres stamme. Einige meinten in dem Worte »rot« die Bedeutung des Unheimlichen, drückend Heißen zu finden; andere suchten den Namen historisch zu erklären, indem sie sagten, die mit Blut getränkten Krieger der Pharaonen hätten sich hier gebadet, sodaß das ganze Meer davon rot geworden sei; wieder andere meinten, daß das Wasser des Meeres von dem rötlichen heißen Sande der Ufer eine rötliche Färbung erhalte und daß der Name daher stamme. Wie uns aber von den vielgereisten Schiffsoffizieren mitgeteilt wurde, hat das Meer selbst eine sehr reine blaue Farbe, die aber des salzreichen Küstenwassers wegen bei tiefem Stand der Sonne gelbrot erschiene. Überdies sollen hier auch die aus rötlichen Fäden bestehenden Algen so massenhaft auftreten, daß sie oft die oberen Schichten des Wassers bedecken und zur Ebbezeit als schleimige blutrote Masse am Ufer einen breiten roten Saum bilden. Wir alle stimmten dieser Auslegung als der wahrscheinlichsten bei – vielleicht könnte in der Tat das Meer davon seinen Namen erhalten haben.

Um die Langeweile zu vertreiben, wurde während der Fahrt ein großes Tanzvergnügen veranstaltet. Zu diesem Zweck wurde das Promenadendeck mit Fahnen aller Nationen ausgeschmückt und mit bunten elektrischen Lampen schön erleuchtet. Nach dem Abendessen fanden sich alle Herren und Damen in Balltoilette in diesem improvisierten Tanzsaale ein und nach den Klängen der Schiffskapelle wurde bis spät in die Nacht hinein getanzt.

Am 7. Mai, also kurz nach diesem Fest, fand ein anderes statt und zwar ein Wohltätigkeitsfest, dessen Reinertrag für verunglückte Seeleute des >Norddeutschen Lloyd< oder deren Hinterbliebene bestimmt war. Auf jeder Fahrt wird ein solches Fest veranstaltet, und die Einnahmen sollen nicht unbedeutend sein. An diesem Abend wurden von verschiedenen Passagieren, Damen und Herren, Vorträge aller Art gehalten, womit sie die Anwesenden prächtig unterhielten, sodaß beim Einsammeln die freiwilligen Gaben reichlich flossen. Auch dieses Fest währte bis spät in die Nacht hinein und es war schon früher Morgen, als sich die Teilnehmer ermüdet in ihre Kajüten zurückzogen.

Mit der Fahrt auf dem Roten Meer war Gott sei Dank das schlimmste überstanden und wir kamen am 9. Mai vormittags um 3 Uhr wohlbehalten in Suez an, wo gleich mit Anbruch des Tages Ärzte an Bord stiegen, um die Passagiere zu untersuchen; es sollten nämlich während unserer Fahrt in Ostasien Seuchen ausgebrochen sein. Die Untersuchung geschah auf folgende Weise: wir Passagiere mußten uns alle zunächst im Eßsalon versammeln; dann mußten wir, nachdem die Namen einzeln aufgerufen worden waren, an den Ärzten, die sich an einer Seite aufgestellt hatten, vorbeigehen. Soviel ich davon verstehe, hatte diese ganze Besichtigung wenig Wert; denn wie kann ein Arzt durch einen Blick beurteilen, ob jemand ansteckende Krankheitskeime in sich trägt oder nicht. Nur ein Passagier, der ein bißchen blaß aussah und seit einigen Tagen an Dysenterie litt, wurde gefragt, was ihm fehle, sonst niemand. In wenigen Minuten war die ganze Angelegenheit erledigt. Da uns das Landen wegen des kurzen Aufenthaltes nicht gestattet wurde, so konnten wir eine Besichtigung des Ortes nicht vornehmen und mußten uns damit begnügen, von Bord aus Umschau zu halten. Wir blieben bis 11 Uhr hier liegen und setzten um ¼12 Uhr unsere Fahrt durch den Suezkanal fort.

Eingeborenen-Barke vor Suez.

Die Hafenstadt Suez liegt bekanntlich am Ausgang des berühmten Kanals, den der große Franzose Lesseps mit unendlichen Mühen zustande gebracht hat. Der Blick auf diesen Kanal gehört mit zu dem Interessantesten, was wir auf der ganzen Fahrt erlebt haben. Der Kanal ist 160 km lang und durchschneidet den Isthmus von Suez, welcher Afrika mit Asien verbindet, und bringt so die beiden Meere, das Mittelländische und das Rote, in Verbindung. Er ist nach zehnjähriger mühevoller Arbeit im Jahre 1869 eröffnet worden. Seine Breite ist verschieden, an manchen Stellen ist er so schmal, daß unser »König Albert« fast die ganze Breite einnahm; an einigen Stellen jedoch ist er ziemlich breit, besonders an den Ausweichestellen für die sich begegnenden Dampfer. Die Natur, die der Kanal und seine Umgebung bietet, ist wenig rühmenswert, denn an beiden Seiten sieht man nichts als öde Sandwüsten, nur hie und da unterbrochen von Oasen mit ihrem frischen Grün. Einige der Seen, welche durch den Kanal mit einander in Verbindung gesetzt werden und zugleich als Ausweichestellen dienen, gewähren jedoch einen imposanten Anblick, so z. B. der Bittersee, der größte von allen. Ein schlanker Leuchtturm, der sich an dem Ein- und Ausgang dieses Sees befindet, trägt viel zu seiner Verschönerung bei. Im allgemeinen kamen mir die Ansichten des linken Ufers interessanter vor als die des rechten, obgleich man auch nichts weiter als halbverdorrtes Gras und unförmliche Sandhügel zu Gesicht bekam. Doch der menschliche Verstand hat diese heiße Sandwüste zu nützlichen Zwecken zu verwerten gewußt: man hat hier – wie mir erzählt wurde – natürliche Salzsiedereien angelegt. Man gießt nämlich das hier bedeutend salzhaltige Küstenwasser auf den glühend heißen Sand, läßt es verdunsten und gewinnt so auf einfache Weise das Salz. Diese Veranstaltungen konnten wir von Bord aus nicht sehen, aber einige schwerbeladene Kamele mit ihren arabischen Treibern, die wohl zu den Salinen wandern mochten, zeigten uns den Ort und die Stelle an, wo sie lagen. Was der Mensch nicht alles auszunutzen versteht!

Beduinen am Suez-Kanal.

Die beiden Ufer des Kanals sind aus künstlich aufgeworfenen Sanddämmen hergestellt, und man konnte beim Passieren unseres Schiffes deutlich das Auf- und Absteigen des Wassers erkennen und auch wie der Sand von den Dämmen dabei abgespült ward. Es versteht sich daher von selbst, daß Dampfbagger ständig in Tätigkeit bleiben müssen, damit der Kanal nicht versandet.

Signalstation am Suez-Kanal.

Unser Dampfer bewegte sich nur ganz langsam vorwärts, als wir plötzlich verspürten, wie derselbe mit einem Krach auf Sand geriet. Das Wasser wurde trübe, und das Schiff schien sich ein klein wenig auf die eine Seite zu legen. Mit einem Male geriet alles an Bord in Bewegung; es war jedoch nichts zu befürchten, denn ein Blick auf die beiden Ufer, auf die man im Notfalle ganz bequem hinüberspringen konnte, gab jedem sofort das Gefühl der Sicherheit zurück. Endlich erlangte das Schiff seine richtige Lage wieder und wir vermochten mit ein paar Stunden Zeitverlust unsere Reise langsam fortzusetzen. Wie wir später von unserem Schiffskapitän hörten, hat »König Albert« solchen Tiefgang, daß der Boden des Schiffes kaum einen Fuß von der Kanalsohle entfernt bleibt, und der Lotse, der für die Fahrt durch den Kanal an Bord gekommen war, hatte aus Versehen ein wenig zur Seite gelenkt und so etwas Boden mitgenommen. Eigentlich ist der Suezkanal für Schiffe von so großem Tiefgang, wie das unsrige, viel zu klein angelegt. Wie langsam sich der Dampfer in diesem Kanal bewegte, kann man schon daraus ersehen, daß kleine Knaben, welche, bald »Money, Money« rufend, bald die ihnen zugeworfenen Münzen aufhebend, halb nackt und barfuß auf dem Sande des Ufers mitliefen, lange Strecken mit dem Schiffe gleichen Schritt halten konnten, ferner erblickten wir einige Beduinen auf schönverzierten Kamelen. Am Ufer sahen wir auch hier und da bescheidene Häuser, in welchen die Kanalwächter wohnen und von denen aus Signale gegeben werden, da streng darauf geachtet werden muß, daß jedes Schiff seine Zeit innehält, die zu jeder Durchfahrt genau berechnet und angegeben werden muß. Nach den Signalen ziehen an den breiten Ausweichestellen die entgegenkommenden Schiffe vorüber; aber da wir, wie vorher berichtet, etwa zwei bis drei Stunden Verspätung hatten, sammelten sich vor und hinter uns vier bis fünf Postdampfer an, sodaß wir an einer dieser Ausweichestellen einige Zeit lang bleiben mußten, um dieselben vorbeipassieren zu lassen. Bei dieser Gelegenheit wurden wir unseres japanischen Postdampfers mit der bekannten lieben Flagge gewahr. Die Hitze, die so wie so schon groß genug war, wirkte durch dieses mehrstündige Halten und die langsame Fahrt geradezu furchtbar, und einige meiner Landsleute behaupteten, hier die größte Hitze während der ganzen Fahrt verspürt zu haben. Spät, sehr spät, erst gegen Mitternacht, konnte die Abfahrt vor sich gehen, aber recht langsam, sodaß eine Schnecke unser Vorreiter hätte sein können. – Die Nacht war glücklicherweise sehr kühl, was um so angenehmer empfunden wurde, je größer die Hitze des vorangegangenen Tages gewesen. An dem Leuchtturm, welcher mit wechselndem Licht versehen war, fuhren wir vorbei und setzten unsern Weg fort.

XI.
Port Said.

Vor Port Said.

Straße in Port Said.

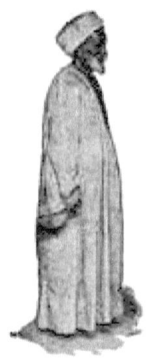

Araber.

Am 10. Mai vormittags um 9 Uhr kamen wir in Port Said an. In dieser Hafenstadt, die ca. 50 000 Einwohner hat, ging es sehr lebhaft zu. Handel und Verkehr schienen hier ziemlich bedeutend zu sein. Als unser Schiff in den Hafen einlief, drängte sich sogleich eine Menge Handelsleute an Bord, um mit den Fahrgästen Geschäfte zu machen, auch viele Führer kamen herauf, um uns ihre Begleitung durch die Stadt anzubieten. Diese umringten uns von allen Seiten und lugten mit ihren hinterlistigen, habgierigen Augen umher, Geiern ähnlich, die auf ihr Opfer losstürzen wollen.

Sie machten, wie die meisten Einwohner dieses Ortes, einen recht unangenehmen Eindruck auf uns. Da die Stadt nur klein ist, verzichteten wir gern auf so wenig vertrauenerweckende Begleiter und hatten es auch nicht zu bereuen, denn in zwei Stunden waren wir mit der ganzen Besichtigung zu Ende. Sehenswertes war gar nicht vorhanden. Die Straßen sind ziemlich unsauber, ebenso die Häuser. Den Stadtteil, in dem die Araber wohnen, konnten wir leider nicht in Augenschein nehmen, denn bevor wir an Land gingen, war von unserm Kapitän bekannt gemacht worden, daß in Port Said und zwar im Araberviertel die schwarzen Pocken wüten sollten und daß man sich vor diesen sehr in acht nehmen müsse. In einer der Hauptstraßen sahen wir außer einigen japanischen Läden, in denen von unseren Landsleuten echte japanische Waren feilgehalten wurden, eine Menge Tabaksläden. Der Tabak bildet hier das Hauptprodukt, ist sehr billig und gut. Wegen des italienischen hohen Zolles – denn wir mußten ja später über Italien reisen – durften wir jedoch allzugroße Einkäufe nicht machen. Besonders empfehlenswert sind hier einige Cafés, in deren einem wir auch einen Mocca tranken und uns etwas ausruhten. Nur muß man sich hier in acht nehmen, daß man nicht überteuert wird, wie es einem unserer Passagiere erging, der für ein Glas Bier, das er in einer Bierhalle nahm, den unerhörten Preis von einem Schilling bezahlen mußte. – Die Straßenjungen, die auf Schritt und Tritt hinterher gelaufen kamen und »gib Money, gib Money« schrien oder uns ihre Esel zum Reiten anpriesen, waren so dreist und unverschämt, daß wir mitunter unsern Stock zu Hilfe nehmen mußten. Wir waren froh, als wir mit heiler Haut aus diesem Sumpfnest wieder an Bord unseres guten Schiffes gelangten.

Ägyptischer Eseljunge in Port Said.

Bei der Besichtigung von Port Said darf man aber nicht unterlassen, das Denkmal Ferdinand von Lesseps', des Erbauers des Suezkanals, zu erwähnen. Das stattliche Monument ist aus Bronze gegossen und stellt die ganze Figur dieses großen Mannes dar, der in zehn Jahren mit eiserner Energie und unsäglicher Mühe unter angestrengter Tätigkeit die Durchstechung und Kanalisierung des Isthmus von Suez zustande gebracht hat. Auf einem Granitsockel erhebt sich eine hohe Säule und auf dieser steht das Standbild. Den Blick auf den Kanal gerichtet, hält er in der einen Hand, halb aufgerollt, die Karte desselben. Das Denkmal selbst ist auf einem Ende eines aus Quadersteinen hergestellten Dammes errichtet, welcher ziemlich weit ins Meer hineinläuft, so daß es von weitem den Anschein hat, als erhebe sich das Denkmal direkt aus dem Wasser heraus. Ein herrlicher Anblick! Der Gesichtsausdruck dieses Mannes zeigt einen unbeugsamen Mut, verbunden mit Energie und Arbeitsamkeit. Ich schrieb am Fuße dieses Denkmals Ansichtspostkarten und zwar eine an meinen Freund in der Heimat, die folgendermaßen lautete: »Vom Suezkanal und von Lesseps hört man oft, aber wenn man selber den Kanal passiert und vor dem Denkmal dieses großen Mannes steht, kann man nicht umhin, mit Hochachtung an ihn zu denken und seine großartige Willenskraft zu bewundern. Bedenken und Hindernisse verschiedener Art: politischen Widerstand, diplomatische Schwierigkeiten, heftige

Beschuldigungen seiner Gegner, argwöhnische Vermutungen der Pforte, Eifersucht der englischen Regierung und Gott weiß was nicht noch alles hat der Mann zu bekämpfen gehabt! Und der Segen erst, den die den Kanal passierenden Reisenden und Schiffe heutzutage genießen! Mit Recht gilt der Mann als ein Held des Friedens!«

Eine zweite Karte sandte ich an meinen Jungen:

»Von Lesseps kannst Du was lernen! In ihm findest Du wieder, was Dir Zeit Deines Lebens nottut und vielen Menschen so sehr mangelt: Beharrlichkeit und Unbeugsamkeit. Willst Du Sieger bleiben im harten Wettstreit Deines Lebens, sieh Dir dieses Bild an und behalte fest im Kopfe das eine Wort: Willensstärke!«

Noch nach tausenden von Jahren wird dieses Denkmal hier stehen, werden die Taten dieses Mannes der ganzen Menschheit zum Segen gereichen, man wird ihn ewig preisen und nie vergessen. –

Nachdem wir uns wieder an Bord begeben hatten, kam ein Trupp italienischer Musikanten, ein paar Männer und Frauen, auf das Schiff, welche die Passagiere teils mit Mandolinenspiel, teils mit Gesang belustigten. Auch wir hörten einige Zeit zu und fanden, daß sie ihre Sache gut machten, wie auch, daß die italienischen Mädchen hübsche Gestalten hatten.

Nicht lange danach begrüßte unser »König Albert« das Mittelländische Meer, das uns nunmehr unserem weiteren Ziele zuführen sollte.

XII.
Neapel.

Golf von Neapel.

Bei der Abfahrt von Port Said wurden wir von einer höchst erfreulichen Nachricht überrascht, die uns alle unangenehmen Eindrücke schnell vergessen ließ. Von neu hinzukommenden Passagieren erfuhren wir nämlich, daß unserem japanischen Kronprinzen ein Erbe geboren worden sei. Auch in den Zeitungen, die wir in Port Said erhalten hatten, war zu lesen, daß das japanische Kaiserhaus am 5. Mai durch die Geburt eines Enkels und Sohnes erfreut worden war, daß also unserm Reiche ein weiterer Thronerbe erstanden sei. Infolgedessen versammelte sich am Abend die ganze japanische Kolonie zu einem Fest, bei dem wir auf das Wohl unseres Kaiserhauses tranken und bei welcher Gelegenheit ich meiner Freude mit folgenden Worten Ausdruck gab:

»Meine Reisegefährten und Freunde! Heute ist uns

unerwartet die erfreuliche Nachricht zugegangen von dem Glück, welches unserm Kaiserlichen Hause zu teil geworden ist, nämlich daß unserm Kaiser ein Enkel, unserem Kronprinzen ein Sohn geboren sei. Diese Nachricht gereicht uns umsomehr zur Freude, als sie uns noch während der Fahrt erreicht hat, so daß es uns noch an Bord, wo wir uns alle zusammenbefinden, vergönnt ist, das Glas zu Ehren unseres Kaiserlichen Hauses zu erheben. Wir können uns alle wohl vorstellen, wie groß die Freude unseres Volkes in diesen Tagen gewesen sein mag. Unserem Kaiserhause, das seit 2½ Jahrtausenden glücklich und weise das Land regiert, möge mit diesem Prinzen ein weiteres bedeutsames Glied in der langen Kette der Regenten hinzugefügt sein, auf daß auch ihm, wenn er dereinst dazu berufen wird, eine lange und segensreiche Regierung beschieden sein möge!«

Ich bat meine Reisegefährten, sich mit mir zu erheben und einzustimmen in den Ruf: »Unsere Kaiserliche Familie lebe hoch! hoch! hoch!« welcher Aufforderung alle Anwesenden freudig nachkamen. So wurde unter allgemeiner Freude fern der Heimat auf dem Mittelländischen Meere an Bord eines deutschen Dampfers die Geburt unseres Kaiserlichen Enkels gefeiert. Der Tag wird uns stets in lieber Erinnerung bleiben.

Am 10. Mai nachmittags zwei Uhr hatten wir Port Said verlassen und passierten am folgenden Tage die Insel Kreta. Die Hitze, welche wir lange Zeit zu erdulden gehabt, war nicht mehr zu spüren. Wir mußten unsere leichten Kleider einpacken und wärmere hervorholen, so daß der Gepäckraum viel in Anspruch genommen ward. Außerdem waren nicht wenige mit Vorbereitungen für die nahe bevorstehende Landung beschäftigt, da sie schon in Neapel das Schiff verlassen wollten. Auch wir freuten uns, daß wir nicht lange mehr an Bord zu bleiben brauchten, denn auch unsere Reise zur See sollte in einigen Tagen ihr Ende erreichen.

Am 13. Mai mittags um ¼1 Uhr kamen wir in Neapel an. Das Wetter war recht kühl, fast kalt zu nennen – wir fühlten uns jedoch sehr wohl dabei. Es kam uns nur so komisch vor, innerhalb sechs Wochen Sommer und Winter durchmachen zu müssen.

Unser Schiff hielt sich hier nur einen halben Tag auf, so daß uns keine Zeit verblieb, Neapel eingehend zu besichtigen. Jedoch hatten wir gehört, daß es dort viele Sehenswürdigkeiten gäbe, insbesondere das weltberühmte Aquarium – von deutschen Gelehrten ins Leben gerufen und von ihnen musterhaft verwaltet – die Königlichen Paläste, Gallerien, Museen, Kirchen, Konservatorien, Oper, Theater u. a. m. Es ist natürlich rein unmöglich, dieses alles in einem halben Tage in Augenschein zu nehmen. Außerdem verloren wir durch ein gerade zu dieser Zeit heraufziehendes Gewitter eine gute Stunde Zeit, so daß wir es vorzogen, auf dem Schiff zu bleiben und von Bord aus die schöne Stadt zu betrachten.

Straße in Neapel.

Von den Passagieren unseres »König Albert« waren viele in die Stadt gegangen, vor allem diejenigen, welche unser Schiff für immer verließen, um von hier aus ihre Reise zu Land durch Italien fortzusetzen. Aber auch an Bord wurde uns die Zeit nicht lang, denn wir hatten Muße, uns gehörig umzusehen. Vor uns lag ein wunderbares Panorama: die majestätische Bai von Neapel, in deren Hintergrund sich terrassenförmig die Stadt mit ihren weißen, leuchtenden Gebäuden erhebt; dazwischen herrliche Partien mit immergrünen Bäumen und dunklen Cypressen, welche dem Bilde eine schöne Harmonie verleihen, dann weiter hinten der feuerspeiende Berg, der Vesuv, in seiner prächtigen, malerischen, einfachen Form, seine schwarzen Rauchwolken gen Himmel sendend. Daß Neapel, das alte Napolis, die Hauptstadt des ehemaligen Königreichs beider Sicilien, sich durch seine reizvolle Lage vor allen andern Seestädten Italiens auszeichnet, konnten wir also gleich beim ersten Anblick erkennen. Was uns an Bord zuerst in die Augen fiel, war die ungeheuer große Zollmauer und die fünf- bis sechsstöckigen Häuser mit Balkonen und platten Dächern. Die Häuser am Strande sind, mit Ausnahme einzelner neuer Gebäude, älteren Datums und erinnern uns an die italienische Bauart, wie wir sie zu Hause durch Bilder kennen gelernt haben. Die Stadt selbst sieht wie ein gleichmäßiges Häusermeer aus, nur unterbrochen durch die grünen Bäume oder andere Naturschönheiten. An Kirchen besitzt Neapel mehr als genug, aber ihre Türme ragen nirgends hervor, auch die Paläste verlieren sich in dem unendlichen Häusermeer. Am meisten machten sich die reizenden Villen und Kasinos auf den Hügeln, die Arsenale und Hafenbauten, das königliche Schloß und vor allem die drei großen Kastelle bemerkbar. Wir hatten geglaubt, unser Schiff würde sich hier wenigstens 10-12 Stunden aufhalten und hatten uns vorgenommen, in diesem Falle die seiner Zeit durch den Ausbruch des Vesuv verschüttete und vernichtete, jetzt aber zum Teil wieder freigelegte Stadt Pompeji anzusehen, mußten den Plan jedoch zu unserm Leidwesen aufgeben, da wir, wie schon gesagt, nur einen halben Tag Zeit hatten.

Wie die Menschen hier aussehen, wie sie leben, was sie treiben u. s. w., konnten wir natürlich von Bord aus nicht gewahr werden; aber erzählt wurde uns, daß das Volk hier im allgemeinen ernsten Beschäftigungen nicht gerne nachgeht, dafür aber umso lieber Belustigungen Auge und Ohr leiht, daß es auch allzuviel Zeit in den unzähligen Kaffeehäusern zubringt – mit einem Wort, daß es seiner Neigung und Laune mit südlicher Leidenschaftlichkeit gehorcht und daß, als traurige Folge davon, die Bevölkerung, zumal die niederen Klassen, sich in ziemlich großer Armut und Unwissenheit befindet.

Auch viele Händler kamen an Bord, um die verschiedensten italienischen Gegenstände anzubieten, wobei uns insbesondere die aus Lava gefertigten Kunstwaren, ferner geschnittene Gemmen, marmorne Frauenköpfe u. a. m. auffielen – alles sehr kunstvoll gearbeitete, zierliche Gegenstände. Empfehlenswert sind besonders die aus Marmor gefertigten Sachen; dieselben sind jedoch sehr teuer und man wird auf jeden Fall besser daran tun, sie an Land und nicht auf dem Schiffe zu kaufen, da man dort reeller bedient wird. Besonders vorsichtig muß man bei Gegenständen aus Lava sein, weil diese meistens verfälscht sind.

So wurde unsere Zeit an Bord gut ausgefüllt, bis wir abends acht Uhr – wir schrieben den 13. Mai – diese herrliche Bucht von Neapel verließen und nach Genua fuhren.

Längs der italienischen Küste.

XIII.
Allerlei Heiteres und Ernstes aus dem Leben auf dem Schiffe.

In einem deutschen Liede heißt es: »Wenn jemand eine Reise tut, dann kann er was erzählen.« So geht es auch mir. Ehe ich Abschied nehme vom »König Albert«, der uns so lange eine treue Unterkunft geboten, will ich in Folgendem versuchen, meine Erlebnisse und Beobachtungen während meines Aufenthaltes auf dem Schiffe niederzuschreiben; aber nur als treuer Berichterstatter, ohne jede weitere Ausschmückung.

Reichspostdampfer des »Norddeutschen Lloyd«: »König Albert«.

Spiele auf dem Promenadendeck und im Rauchsalon.

Da wir auf dem Schiffe nichts zu tun hatten und die Langeweile uns plagte, wurde alles hervorgesucht, was irgend einen Zeitvertreib oder eine kleine Zerstreuung bot: Gesellschaftsspiele, wie z. B. Schach, Domino, Dame, Kartenspiel, Würfelspiel etc., möglichst harmlose Sachen, nur um uns die Zeit zu vertreiben.

Bei gutem Wetter zog man selbstverständlich Spiele im Freien vor, von denen ich besonders das Reifenspiel und das Beutelchenwerfen erwähnen möchte. Bei dem ersteren wird nach einem senkrecht aufgestellten Stab mit Reifen aus strammem Seil geworfen und zwar so, daß diese beim Niederfallen den Stab einschließen; bei den letzteren wird eine in mehrere numerierte Felder geteilte Holztafel auf den Boden gelegt, nach der man mit kleinen, gewöhnlich mit Sand gefüllten Beutelchen wirft – derjenige, der am meisten Zahlen trifft, ist Sieger.

Spiele an Bord.

Ein anderes Spiel ist dasjenige, bei dem man runde Holzplatten mit einem Holzschieber – das ist ein an einem Stabe in T-form befestigtes Brett – etwa 15 Meter weit nach einem mit Kreide gezeichneten Platz stößt. Bei diesem Spiel werden die Mitspieler in zwei Parteien geteilt und dann wird gewettet. Diejenige Partei hat gewonnen, welche die meisten Platten in den abgegrenzten Raum gebracht hat.

Im Rauchsalon wurden Karten- und Würfelspiele, Schach und anderes gespielt. Was uns jedoch besonders auffiel, das waren die Glücksspiele mit Karten und Würfeln, bei denen sich besonders Engländer hervortaten. Die Spieler setzten sich um den Tisch und dann wurde leidenschaftlich und erregt das Spiel verfolgt. Da wir von Hause aus mit dieser Art von Spielen nicht vertraut waren (bei uns sind dieselben gesetzlich verboten) und uns dieselben recht unangenehm berührten, so lehnten wir stets die Aufforderung zur Beteiligung ab. Wir bemerkten, daß nicht selten diese Spiele einen ernsten Ausgang nahmen; denn manche verloren dabei nicht wenig Geld, und in solchem Falle ging es nicht immer ohne Schimpfen und grobe Bemerkungen ab. – Am Dominospiel dagegen, welches wir von einem an Bord befindlichen Deutschen erlernten, beteiligten wir uns gern und zwar spielten wir dieses der Belebung halber um ein Glas Bier. Bei dieser Gelegenheit fragte ich einige deutsche Passagiere, was sie von dem Spielen um Geld hielten und wie es in Deutschland und in andern Ländern Europas gehandhabt würde, und da hörte ich denn so mancherlei. In Deutschland sowie fast in ganz Europa sind Spiele um Geld gesetzlich erlaubt. Glücksspiele jedoch, wie das Hazard, wobei es dem Zufall überlassen bleibt, ob der Spieler gewinnt oder verliert, sind streng verboten – speziell in den öffentlichen Lokalen – und werden bestraft, besonders scharf die Spieler, bei denen es sich um gewerbsmäßiges Spielen handelt. So vernahm ich von einem großen

Spielerprozeß in Deutschland, in den hochadlige junge Leute und Offiziere verwickelt gewesen. Dieselben hatten einen Klub gegründet mit dem Namen »Klub der Harmlosen«, in welchem man fast nur Glücksspielen gefröhnt. Ferner wurde mir erzählt, daß in einem der feinsten Klubs in Wien hoch gespielt worden wäre und daß bei einem Spiel zwischen einem ungarischen Baron und einem polnischen Grafen letzterer ungefähr zwei Millionen Mark verloren habe. Aber auch öffentlich darf an einigen Punkten Europas gespielt werden, und der bedeutendste Zufluchtsort der Spieler soll Monte Carlo in dem kleinen Fürstentum Monaco, unweit der wegen ihrer Schönheit bekannten Stadt Nizza, sein. Hier wird in einem nur für diesen Zweck gebauten Kasino gespielt, das märchenhaft schön eingerichtet sein soll. Das Kasino gehört einer Aktiengesellschaft, durch deren Abgaben sogar das kleine Fürstentum unterhalten wird und der Fürst des Landes große Einnahmen bezieht.

Ferner werden in Europa bei Pferderennen große Wetten abgeschlossen und an eigens hierfür errichteten Wettmaschinen, Totalisator genannt, Einsätze in Geld für den Sieger oder den Platz gemacht. Von diesen Geldern, die dort angelegt werden, nimmt jeder Staat eine Steuer für sich in Anspruch. – Aber auch selbst harmlose Spiele können zum verwerflichen Glücksspiel werden, wenn die Betreffenden um Einsätze spielen, welche ihrem Vermögen oder Einkommen nicht entsprechen.

Echt deutsches Bier.

Aus lauter Langeweile und vor Durst wird an Bord ziemlich viel getrunken und oft genug hörte man den Ruf: »Spatz!« – so hieß nämlich der kleine Servierkellner im Rauchsalon. Wein, Schnaps, Brunnenwasser,

Citronenwasser, mitunter auch Champagner, wurden getrunken, am meisten jedoch Bier. Von letzterem wurde jeden Tag eine Zahl Fässer geleert. Bier trinken am meisten die Deutschen, die Franzosen lieben den Wein und die Engländer ziehen allem andern den Schnaps oder Likör vor. Das deutsche Bier wurde von sämtlichen Passagieren hochgepriesen. Ich habe mir zu Haus erzählen lassen, daß das Bier als Nationalgetränk der Deutschen in ihrem eigenen Lande vorzüglich gebraut werde, und glaubte auch in diesem Bier an Bord eine ausgezeichnete Braukunst zu erkennen. Nun befand sich auf dem Schiff ein deutscher Braumeister, der seit Jahren an einer japanischen Brauerei angestellt war und jetzt auf Urlaub nach Deutschland fuhr. Auf meine Frage, ob er ein eben so gutes Bier in Japan brauen könnte, sah er mich mit großen Augen an und sagte: »Glauben Sie, daß dieses Bier, welches Sie hier jeden Tag trinken, ein echt deutsches Bier ist?« Auf meine bejahende Antwort erklärte er mir aber zu meiner großen Verwunderung, daß das Bier echt japanisch sei, worauf mir der Ausruf entschlüpfte: »Sehr komisch!« So erfuhr ich, daß bei der Fahrt von Deutschland nach Japan selbstverständlich deutsches Bier, aber bei der von Japan nach Deutschland japanisches Bier in deutschen Fässern von den Schiffen mitgeführt wird. Ich glaubte auf einem deutschen Schiffe ein echt deutsches Bier, von dem man so viel Rühmens macht, zu trinken und mußte nun von einem Deutschen erfahren, daß ich Bier getrunken habe, welches in meinem eignen Heimatlande gebraut war. Die Unwissenheit, welche ich hierbei an den Tag gelegt habe, bitte ich mir zu gute zu halten, aber man ersieht daraus wieder, daß das Fremde von den Menschen, die nicht genau Bescheid wissen, blindlings höher geschätzt wird, als das Heimatliche. »Kein Prophet wird in seinem Vaterlande geehrt.« Seit dieser Geschichte bestellte ich nur noch: »Spatz, bringen Sie mir ein Glas »sogenanntes« deutsches

Bier!« worauf er mir mit verständnisvollem, verschmitzten Lächeln ein Glas echt japanischen, goldklaren, schäumenden Gerstensaftes reichte.

Ein unfreiwilliges Bad.

Die Badeeinrichtung auf dem Schiffe ist ganz anders, als man sie zu Hause hat. Durch ein Rohr wird das Meerwasser in die Wanne geleitet und je nachdem man heiß oder kalt wünscht, hat man den einen oder den andern Verschluß aufzudrehen. Für Süßwasser befindet sich ein Behälter, woraus für jeden Badnehmer ein kleines Becken voll geführt wird. Da das salzige Meerwasser sich unangenehm an dem Körper bemerkbar macht, so benutzt man dieses Süßwasser zum Nachspülen und Nachwaschen. Übrigens ist letzteres sehr kostbar auf den Schiffen und wird mit demselben äußerst sparsam umgegangen. Ich kannte die Einrichtung mit dem Auf- und Zudrehen der Hähne nicht recht, und als das Schiff in der Mündung jenes trüben Flusses, des Jangtsekiang, vor Anker lag, ging ich zum ersten Male aus Langeweile in die Badestube und drehte ahnungslos an dem einen Hahn. Da erhielt ich auf einmal von der Decke einen Sprühregen des trüben Wassers über meinen Kopf und die ganze Kleidung. Ich hatte unglücklicherweise den Hahn der Brause gefaßt. Bevor ich noch recht zur Besinnung kam, hörte ich mit Donnerstimme den Ruf: »Was machen Sie da!« und der Badesteward trat herein. Er sah mich mit böser Miene an, sagte, daß das Rohr von dem trüben Wasser des gelben Flusses verstopft werde, wenn man ihn jetzt öffnete, daß überhaupt das Baden nur während der Fahrt auf offenem Meere erlaubt sei, aber nicht, wenn das Schiff stille läge wie jetzt. Durchnäßt wie ein Pudel, von dem trüben gelben Wasser des Jangtsekiang von oben bis unten beschmutzt, von dem Donnerwetter des Badestewards noch ganz niedergeschmettert, schlich ich davon in meine Kajüte, um wieder einen ordentlichen Menschen aus mir zu machen. Diese Begebenheit ist unter meinen Landsleuten als mein »unfreiwilliges Bad« bekannt geworden.

Beim Barbier.

Auf dem »König Albert« gab es auch einen Barbier und von diesem wollte ich meine Haare schneiden lassen. Ich begab mich eines Tags zu ihm; er war ein netter kleiner Kerl, und es entspann sich zwischen uns folgendes Gespräch. Ich werde mich mit A. und den Barbier mit B. bezeichnen.

B. »Mein Herr, sind Sie nicht krank gewesen?«

A. »Wieso denn?«

B. »Sie lassen ja Ihren Bart so wild wachsen. Wenn ich Sie so in den Saal treten sah, habe ich immer geglaubt, Sie wollen Ihren Bart wegen Krankheit nicht schneiden lassen.«

A. »Bewahre! Bin im Gegenteil so gesund und munter wie ein Fisch im Wasser und auch immer gewesen. Aber wenn Sie meinen, daß mein Bart mir nicht gut steht, schneiden Sie ihn nach deutscher Mode, so gut Sie können, damit ich recht ordentlich und chik aussehe.«

B. »Gut! Ich werde meine Kunst versuchen, aber es ist nicht so leicht, aus einem wild gewachsenen Bart eine gute Form zu schneiden.«

Nun begann der Barbier mir meinen Bart zu verschneiden, sprach dabei über dieses und jenes, fragte mich, wie es in Japan in einer Barbierstube aussehe, was ein Barbier dort verdiene, wie groß der Lohn eines Gehilfen sei u. s. w. u. s. w. Zuletzt zeigte er mir seine Haarschneidemaschine und fragte mich:

B. »Können Sie mir vielleicht angeben, wo diese Maschine gemacht worden ist?«

A. »Keine Ahnung! Wie sollte ich so etwas wissen, ich verstehe ja von Ihrem Fache nichts.«

B. »Das glaube ich gern, aber da diese gerade in Ihrer Heimat gemacht ist, möchte ich Sie darauf aufmerksam machen. Die Maschine, die ich von Hause mitgebracht hatte, ging entzwei und so mußte ich diese in Yokohama kaufen. Offen gestanden hatte ich anfangs zu ihr kein großes Vertrauen, aber nun sehe ich zu meinem Erstaunen, daß sie vorzüglich ist. Schade, daß ich nicht noch mehr davon gekauft habe! Sie ist weit billiger als die unsrige, aber trotzdem ist sie besser und bequemer zur Handhabung. In der Tat sind die Herren Japaner ein wunderbares Volk! Alles können sie leisten, nichts ist ihnen unmöglich!«

Dabei arbeitete er unentwegt weiter; der Bart ward kürzer und kürzer, er besah ihn mit verständnisvollem Gesicht von der Seite und von vorn, von fern und nah, schnitt weiter, besah ihn wieder und so ging es eine Weile fort, bis ich fast keinen Bart mehr mein eigen nennen konnte. Jetzt rühmte er mir die Schnurrbarttracht: »Es ist erreicht!«

B. »Nun müssen Sie aber Ihren Schnurrbart in die Höhe gewöhnen.«

A. »Da ich mich einmal Ihren Meisterhänden anvertraut habe, so machen Sie nur, wie es Ihnen gefällt! Die Verantwortlichkeit liegt ganz bei Ihnen.«

B. »Sehr gut, mein Herr! Sie brauchen nicht im geringsten besorgt zu sein! Mit diesem Brenneisen werde ich nun Ihren Schnurrbart ausziehen. So...., ach wie schneidig Sie nun aussehen! Sie sehen wie ein echter Deutscher aus! Aber zu einem eleganten Herrn ist ein Parfüm wohl unentbehrlich. Kaufen Sie doch ein Fläschchen, ich habe alle Sorten in meinem Schrank vorrätig – hier, das ist Veilchen... o, wie schön das riecht!... dies hier ist Heliotrop, auch was Feines... Das Kostbarste ist aber dieses Fläschchen, Herr! Das ist Rosenöl... der edelste Tropfen überhaupt, den es gibt!«

A. »Sie verstehen Ihre Sachen gut anzupreisen, Herr Barbier! Sie sind ein tüchtiger Geschäftsmann, vor dem man auf seiner Hut sein muß. Doch werde ich Ihnen zu Liebe ein Fläschchen abkaufen, es sei denn, daß Sie Ihre Sachen nicht so teuer losschlagen.«

B. »I, Gott bewahre! Daß ich der reellste Mensch bin, das wissen ja alle Mannschaften und Passagiere des »König Albert.« Außerdem sind alle meine Sachen zollfrei und Sie werden sie ebenso billig kriegen wie in Deutschland... Ist Ihnen denn sonst nichts gefällig? Hier, diese Schnurrbartbinde? Kämme? Pomade?«

Da aber seine Aufmunterungen zu weiteren Ankäufen bei mir nicht verfangen wollten, so schlug er ein anderes Thema an, indem er sagte:

B. »Hören Sie, mein Herr! Die Haare der Herren Japaner sind doppelt so stark wie die der Europäer. Meine Werkzeuge werden demnach doppelt so schnell stumpf. Außerdem fliegen die struppigen Haare im Zimmer umher und ich muß meine Augen wohl in Acht nehmen.«

Ich merkte aus seinen Reden heraus, daß er auf ein tüchtiges Trinkgeld reflektierte und sagte ganz verschmitzt:

A. »Ganz recht! Die Arbeit eines Barbiers mag wohl eine recht schwere sein, besonders wenn er einen unserer Landsleute unter seiner Schere hat. Aber ein geschickter Meister wie Sie weiß in allem Bescheid. Ihnen macht wohl ein so eigenartiges Haar wie das unsrige viel Spaß beim Schneiden, nicht wahr?«

In der Tat hatte aber der Barbier recht. Denn durch den Luftzug des Ventilators, der sehr gut funktionierte und die drückend heiße Luft der Barbierstube bedeutend herabsetzte, flogen unsere struppigen Haare in dem Raum umher, daß die Insassen nicht wenig davon belästigt wurden. Im großen und ganzen habe ich gesehen, daß der deutsche Barbier bei weitem ungeschickter ist als der unsrige. Außerdem ist letzterer viel peinlicher und vorsichtiger. – In Schweiß gebadet, mit Haaren bedeckt, kam ich, eine kleine Flasche Parfüm in der Hand und unter dem Kinn den winzigen Schnurrbart, den letzten Rest meines ehemaligen Vollbartes, zurück. Einmal und nicht wieder! – Später erfuhr ich, daß es allen meinen Landsleuten ebenso ergangen war und daß jeder eine Flasche Parfüm erstanden hatte.

Der japanisch-russische Krieg.

Unter den Passagieren befanden sich Engländer, Franzosen und Deutsche in ziemlich gleicher Zahl und so oft diese auf dem Verdeck zusammenkamen, wurden Gespräche über allerhand politische Gegenstände geführt. Wovon man uns besonders oft erzählte, das war der japanisch-chinesische Krieg und die große Tapferkeit der japanischen Soldaten, welche, wie man meinte, in jeder Beziehung die chinesischen bedeutend übertreffen, speziell im Punkte der Mannszucht und Disziplin. Es wurde auch viel von der großen Beute erzählt, welche die verbündeten Soldaten bei den letzten Unruhen in Nordchina gemacht hätten. Einige französische Kaufleute, welche sich auf der Rückreise von China befanden, berichteten uns genaue Einzelheiten und behaupteten, daß bei diesen Wirren ein ungeheurer Reichtum von China nach Europa transportiert worden sei: so zeigte einer von ihnen eine sehr schöne Uhr, eine goldene mit mehreren Kapseln versehene Taschenuhr, verschwenderisch mit Edelsteinen und Brillanten übersäet, und erzählte hierbei, daß dieselbe aus dem kaiserlichen Palast in Peking stammen solle. – Ein anderer, erst in Singapore an Bord gekommener Passagier bemerkte mit ernster Miene, daß er bei seiner Abfahrt ein Gerücht vernommen hätte, daß zwischen Japan und Rußland ein Krieg ausgebrochen sei. Wir glaubten dies zwar nicht, immerhin aber war ein neues Thema angeregt und von allen Seiten wurde über dasselbe lebhaft debattiert. Der Brennpunkt war die Frage: welche der beiden Nationen Sieger bleiben werde? Wir hörten ruhig mit zu und nach längerem Hin- und Herraten stellte sich als Resultat heraus, daß Japan bei einem kürzeren Kriege die meisten Chancen hätte! Jedoch würden, falls der Krieg sich längere Zeit hinziehen würde, die Russen wohl imstande sein, die Oberhand zu gewinnen, da sie bei der Größe ihres Reiches im Verhältnis zu dem kleinen Japan dieses an Menschenzahl übertreffen. Wir enthielten uns jeder Äußerung, da trat ein hochgewachsener Mann mit großem Vollbart ungeduldig in den Kreis und sagte mit ernster, dröhnender Stimme: »Was kann denn Rußland gegen Japan ausrichten? Japan besitzt ja bei strengster Disziplin eine ausgezeichnete Kriegsmacht und eine wohlgerüstete Flotte von 25 000 Tonnen. Die russischen Barbaren, die nur zum Sengen und Brennen, Rauben und Morden geeignet sind, können gegen ein so vorzüglich organisiertes Heer nichts tun. Wenn einige behaupten, daß die Japaner im Körperbau kleiner sind als die Russen, und infolgedessen im Kampfe Mann gegen Mann nicht standhalten könnten, so muß ich dies entschieden bestreiten, denn im Kriege ist der Körperbau der einzelnen Soldaten nicht maßgebend, sondern der in ihnen wohnende Geist, die Opferfreudigkeit, die Ausdauer, der unerschütterliche Mut, der den Tod nicht scheut, das Nationalbewußtsein, welches sie, treu ergeben bis zum letzten Atemzuge, ihr Leben hingeben läßt. Alle diese

Tugenden sind den japanischen Soldaten eigen. Daß übrigens der moderne Krieg kein Kampf der einzelnen Menschen gegeneinander, sondern ein Wettstreit der materiellen wie der geistigen Kräfte ist, ist jedem wohl bekannt. Der Umstand, daß Rußland infolge der Größe seines Landes viel mehr Menschen ins Feld stellen könnte, hat auch nicht viel zu sagen; denn bei einem Kriege ist die Beweglichkeit der Truppen ausschlaggebend und nicht ihre Zahl. Daß die Japaner die flinksten Soldaten waren, das haben sie bei den letzten Unruhen in Nordchina vor den Augen der verbündeten Soldaten Europas und Amerikas vortrefflich bewiesen. Bei einer noch so langen Lanze kann nur die Spitze töten und die Ochsen können nicht mit Hasen um die Wette laufen. Die Russen haben auch unser Land vernichtet, unser Volk ermordet; ich habe mit meinen eigenen Augen gesehen, wie sie meine Eltern und Geschwister getötet haben. Wir haben Rache geschworen gegen diese Unmenschen. Wir haben noch zwei Millionen kriegstüchtige Männer, die stets bereit sind, die Waffen gegen Rußland zu kehren. Wenn also Japan mit Rußland in Krieg gerät, so würden wir die Russen von hinten anfallen, auch wenn wir dieses Unterfangen mit dem Leben bezahlen müßten. Wir würden alles opfern und Japan zur Seite stehen!«

Wer ist denn der? fragten wir uns verwundert, worauf der Unbekannte unter lautem Seufzer erwiderte, daß er einer der unglücklichen, mißhandelten, heimatlosen Polen sei. Ob seine Reden Beifall fanden oder nicht, wissen wir nicht; aber wir bemerkten, daß, als er die Grausamkeit der Russen erwähnte, seine Augen funkelten, seine Glieder zitterten, und in dem Augenblick, als er seine geballte Faust erhob, konnte man wohl ermessen, welch glühender Haß ihn gegen die Russen beseelte. Durch das Feuer seiner Rede hingerissen, dachten wir unwillkürlich an das traurige

Ende seines Reiches und fühlten mit ihm. Wir konnten nicht umhin, uns im Stillen zu sagen, daß manches von dem Vorgebrachten wahr sei, wenn wir auch nicht alles glaubten, was uns dieser Pole mit Feuereifer vortrug.

Die Mahlzeiten auf dem Schiffe.

Hans Küchenmeister, dem wir unsern leiblichen Teil anvertraut hatten, verstand seine Sache vortrefflich, sodaß wir unter seiner Obhut gut aufgehoben waren. Zudem war er sehr freigebig. Denn jeden Mittag und Abend bestand die Speisenfolge aus vielen Gängen, sodaß man trotz des gutes Appetites, den die frische Seeluft bei sämtlichen Passagieren erregte, nicht alles verzehren konnte. Morgens früh um 6 Uhr gab es das erste Frühstück mit Kaffee oder Tee, Brödchen, Früchten u. s. w., um 8 Uhr das zweite, dazu eine warme Fleischspeise, um 11 Uhr Kaffee mit einem kleinen Imbiß, mittags gegen 1 Uhr das große Mittagessen mit vielen Gängen, dann nachmittags um 4 Uhr wieder Kaffee und um 7 Uhr das Abendessen, dem um 9 Uhr noch einmal Kaffee, Tee, Zitronenwasser oder sonstige erfrischende Getränke folgten. Ich muß wirklich gestehen, daß die Verpflegung auf dem Schiffe gut, sehr gut war, und doch hatte ich eins zu tadeln und das waren die salzigen Speisen. Als ich am ersten Tage meines Aufenthaltes an Bord den ersten Löffel Suppe zu Munde führte, glaubte ich reines Salzwasser getrunken zu haben, sodaß ich den Löffel sofort fortlegte, und so wie mir erging es meinen sämtlichen Landsleuten. Einige Tage konnten wir nichts essen, bis uns der Hunger quälte und wir uns nach und nach an die salzige Kost gewöhnen lernten. Daß der Hunger der beste Koch sei, gilt also erst recht auf dem Schiffe! Zwar hatte ich schon in der Heimat gehört, daß die Gerichte der Deutschen viel schärfer als die unsrigen wären, aber wir hatten nicht geahnt, daß die

Speisen bei ihnen so salzig genossen würden. Daß wir nach dem Essen immer ungeheuren Durst empfanden, ist selbstverständlich und wir konnten uns nun erklären, weshalb täglich soviel Bier verzapft wurde und weshalb die Deutschen so große Mengen dieses Gebräues vertilgen.

Ein Schiff in Sicht.

Charakterskizzen einzelner Nationen.

Unter den vielen Nationalitäten, die sich an Bord befanden, traten die verschiedensten Gebräuche und Gewohnheiten hervor. So fiel es mir auf, daß die Engländer – Damen wie Herren – besonderes Gewicht auf die Toilette legten. Beim Abendessen z. B. erschienen die Engländer stets in schwarzer Kleidung, während die andern Passagiere sich so zeigten, wie sie gerade angezogen waren, und sich nicht erst besonders umkleideten. Ebenso erschienen die englischen Damen dekolletiert in Gesellschaftstoilette. Am Sonntag zum Gottesdienst waren fast immer nur Engländer zugegen, die der Predigt ihres landsmännischen Predigers, der lange als Missionar in China tätig gewesen sein sollte, andächtig zuhörten. Andere Nationen erschienen zu dieser Feier höchst selten. Auch waren es ausnahmsweise Engländer, die sich mit großer Beweglichkeit an den Spielen beteiligten und sich dabei selbst alte Leute mit den Kindern vergnügten. Daß die Engländer auch im Kartenspiel groß sind, habe ich bereits oben erwähnt. – In Colombo war eine englische Schauspielertruppe an Bord gekommen. Das

Benehmen derselben aber war nicht gerade lobenswert zu nennen. Sie waren zwar lebhaft, hatten aber wenig feine Manieren, wie sie bei andern ihrer Landsleute oft zu finden sind; besonders war das Singen, Schreien, Trinken u. s. w. der Damen recht unschön, sodaß wir ordentlich aufatmeten, als diese Gesellschaft das Schiff verließ.

Die Deutschen sind stillerer Natur; sie sitzen gewöhnlich bei einem Glase Bier, rauchen Zigarren oder lesen irgend etwas, was sie auf dem Schiff bekommen, wie Novellen, Reisebeschreibungen u. s. w., die Bibliothek des Schiffes steht zwar jedem jederzeit zur Verfügung, wird aber am meisten von Deutschen in Anspruch genommen. Die interessantesten Bücher gehen stets von einem Deutschen zum andern, sodaß wir diese kaum zum Lesen erhielten. Einige von ihnen sitzen im Winkel des Rauchsalons und sind so in ihre Lektüre vertieft, daß sie kaum merken, was um sie vorgeht. Um ihr Äußeres bekümmern sich die Deutschen bedeutend weniger als die Engländer, sie geben sich ganz ungezwungen. Von ihnen kann man sagen: wahrlich ein leselustiges Volk.

Die Franzosen sind immer aufgeweckt, fröhlich und gesprächig, sie gehen meistens in laut geführter Unterhaltung auf dem Promenadendeck spazieren, mischen sich in jedes Gespräch, spielen Karten, trinken, rauchen Cigaretten und sind immer vergnügt und guter Dinge. Ich sprach mit einem Franzosen und sagte, daß seine Landsleute zwar sehr leutselig, gewandt im Verkehr und witzig seien, aber daß sie in mancher Beziehung zu leichtlebig und ihrer Regierung allzuoft Sorgen bereiten, sodaß diese stets darauf bedacht sein müsse, neue Ablenkungen für das Volk zu finden, wenn es sich nicht allzuviel mit den politischen Angelegenheiten beschäftigen sollte. Da sagte mir der Franzose, daß diese Ansichten fast von allen Menschen geteilt, aber in Wirklichkeit nicht zutreffend seien. Er meinte, man könne wohl die Pariser so beurteilen, aber wenn man von dem ganzen französischen Volke spräche, so sei dies etwas übertrieben. Paris ist eine Weltstadt, in der alle Nationen in großer Anzahl vertreten sind; will man daher echte Franzosen kennen lernen, so darf man diese nicht in Paris suchen. Wenn man einmal ins Innere des Landes kommt, wird man ein Volk mit stillerem, ruhigerem Charakter antreffen, das von den sogenannten Parisern sehr absticht. Schlicht, einfach und gehorsam, sanft wie ein Lämmchen, kümmern sich diese Leute wenig oder garnicht um Politik. Als ein Beispiel dafür könnte man jene merkwürdige Begebenheit mit Dreyfus anführen, über den in Paris so viel geschrieben und gesprochen wurde. Man nahm an, daß dies die Stimme ganz Frankreichs wäre, in Wirklichkeit aber wußte man außerhalb von Paris nur wenig von ihm. Während die ganze Stadt in großer Aufregung war, als der Verurteilte nach seinem Verbannungsorte geschickt werden sollte, stand man dieser Sache im Lande ziemlich kühl gegenüber. Um den echten Franzosen kennen zu lernen, sollte man also ins Innere gehen, nur dort kann man Land und Leute richtig beurteilen. Ich gab seinen Ausführungen Recht und versicherte ihm, daß dieselben viel Überzeugendes hätten.

Wie sich nun unsere Landsleute auf dem Schiffe bewegten, was sie trieben und wie sie lebten, brauche ich hier nicht zu erörtern, denn der japanische Charakter ist ja uns allen bekannt. Sollte jedoch irgend jemand sein, der es wissen möchte, nun gut, der mag selbst die Reise antreten.

Die Seekrankheit.

Ja, die Seekrankheit ist eine wunderbare Krankheit! Gottlob, daß sie auf unserer Fahrt nicht so schlimm auftrat, trotzdem wir von Colombo bis Aden fast fünf Tage lang ziemlich hohen Wellengang hatten. Es ist ein unheimliches Gefühl, wenn das Schiff so stark schaukelt, sich jetzt auf diese, nun auf jene Seite legt; bald glaubt man in einen Abgrund zu versinken, bald zu den Wolken emporgetragen zu werden. Und dann, wenn sich das Hinterschiff aus dem Wasser erhebt, das dumpfe Getöse der Schrauben, das man noch lange nach beendigter Fahrt zu vernehmen glaubt. An einem besonders stürmischen Tage konnten die meisten den Speisesaal nicht betreten. Eine Dame war vom Anfang der Fahrt bis zum Ende seekrank, sodaß sie fortwährend auf dem Verdeck liegen mußte und weder essen noch schlafen konnte; sie sah wirklich mitleiderregend aus. Ein junger Deutscher pflegte sie sehr aufopfernd, sodaß man glauben konnte, die beiden ständen sich auch im sonstigen Leben näher. Beide verließen das Schiff in Neapel, um ihre Reise von dort aus zu Land fortzusetzen. Unsere besten Wünsche begleiteten sie, und wir hofften, daß sie glücklich und gesund ihre Heimat erreicht haben.

Gegen die Seekrankheit gibt es meiner Erfahrung nach zwei Verhaltungsweisen, entweder man liegt ganz still oder man bewegt sich fortwährend so viel wie nur irgend möglich. Ich habe bemerkt, daß korpulente Personen mehr von dieser Krankheit geplagt wurden, als andere Menschen. Unter meinen Landsleuten befand sich auch einer, der sehr leicht seekrank wurde, er blieb die meiste Zeit in der Kajüte und ließ sich selten sehen. Beim Essen erschien er – da der Hunger ihn plagte – aß sehr schnell, fast ohne zu kauen und – verschwand. Gingen wir jedoch an Land, so war unsere Kolonie stets vollzählig, sodaß wir es hinnehmen mußten, als ein Deutscher zu uns sagte: »Eigentümlich, wenn Sie an Land gehen, sind Sie vollzählig, sonst nicht.«

Ich habe stets mit meiner Seetüchtigkeit geprahlt und sie auch auf der ganzen Fahrt bewahrt, ausgenommen an einem Tage. An diesem Tage, glücklicherweise dem einzigen während der ganzen Seereise, bin auch ich ein Opfer dieser heimtückischen Krankheit geworden. Das wollte ich eigentlich geheim halten, aber da ich versprochen habe, meine Erlebnisse treu mitzuteilen, so fühle ich mich verpflichtet, der Wahrheit zu Ehren auch dieses zu berichten. Die Seekrankheit verursacht ein geradezu unbeschreibliches Gefühl, zumal wenn man, wie ich, beim Bade von ihr überrascht wird. Eine große Welle stürmte heran, der ganze Schiffbau hob und senkte sich in schaukelnder Bewegung; es hob und senkte sich auch mir im Innern, sodaß ich das Gleichgewicht verlor und vergebens nach einem Halt suchte... Der Angstschweiß trat mir auf die Stirn... es schwindelte mir vor den Augen... der Magen krampfte sich zusammen... ein Pressen im ganzen Körper... »und es wallet und brauset und siedet« und – ich war seekrank, ich, der ich sonst mit mitleidigem Lächeln auf die seeschwachen Passagiere herabschaute! Gottlob, daß diese Krankheit sonst keine nachteiligen Folgen hat! Glücklich derjenige, dem es vergönnt ist, von einer solchen Reiseerinnerung verschont zu bleiben!

Auf dem Vorderdeck des »König Albert«.

Der Nebel.

Eine der gefährlichsten Erscheinungen während der Fahrt ist der Nebel, und zwar am gefährlichsten, wenn das Schiff sich in der Nähe eines Strandes oder gar einer Klippe oder Sandbank befindet. Ein Sturm ist zwar für Schiffe ebenfalls gefährlich, jedoch kann man bei der festen, soliden Bauart der heutigen großen Dampfer und der theoretisch wie praktisch hochstehenden Ausbildung der Führer einem Sturm mit Ruhe entgegensehen, zumal wenn sich das Schiff auf hoher See befindet. Etwas anderes ist es aber mit dem Nebel, da nützt sowohl die Festigkeit des Schiffes als auch die kunstgerechte Führung fast garnichts, denn bei dichtem Nebel kann man ja kaum zwei Schritte weit sehen. Zwar werden allerlei Mittel angewendet, um die Gefahr zu verringern; man hat auch die verschiedensten Apparate erfunden, um die augenblickliche Lage des Schiffes möglichst genau zu bestimmen, aber trotz alledem ist bei einem Nebel die Gefahr für Schiff und Besatzung bei weitem größer als bei einem Sturm. Als wir von Hongkong nach Singapore fuhren und uns nicht weit von der Insel Formosa befanden, wurden wir eines Morgens von einem dichten Nebel überrascht. Dieser Teil des Meeres ist wegen der zahlreichen Klippen, welche jene Insel umgeben, den Schiffern als einer der gefährlichsten bekannt. Es verursacht ein unheimliches und angstvolles Gefühl, wenn auf dem Schiffe allerlei Anstalten getroffen werden, die auf eine ernste Gefahr hindeuten. Die Fahrgeschwindigkeit wird auf ein Minimum herabgesetzt, nur langsam bewegt sich das Schiff vorwärts; von Zeit zu Zeit liegt es ganz still. Die Glocken werden in einem fort geläutet; die Dampfpfeife und das Nebelhorn ertönen, um bei etwaiger Annäherung eines anderen Schiffes einen Zusammenstoß zu vermeiden, dazwischen hört man das Kommando der Offiziere. Zwar sind die stärksten elektrischen Lichter angezündet; da man sich jedoch gegenseitig auf ein paar Schritte kaum erkennen kann, so ist klar, daß auch dies wenig hilft. In solch einer ernsten Stunde hört alles lebhafte Treiben an Bord auf; es wird totenstill und jeder hat mit sich selbst zu tun. Er denkt an das, was ihm im Leben am nächsten steht, läßt so manches an sich im Geiste vorüberziehen, sein fernes Heim, seine lieben Angehörigen, die von dem furchtbaren Ernst der Stunde keine Ahnung haben. Dieser angstvolle Zustand währte etwa drei Stunden, und als dann der dichte Nebelschleier zerriß, sahen wir auf der einen Seite, nicht allzuweit von uns, einen Postdampfer vorüberfahren. Bei diesem Anblick befiel uns unwillkürlich ein Grausen. Was hätte uns zustoßen können, wenn sich der Nebel nicht aufgeklärt hätte! Durch Gottes Hilfe war diesmal ein Unglück vermieden, sonst hätten wir vielleicht hier ein nasses Grab in dem unendlichen Meere gefunden. Das schöne Lied von Goethe möchte ich hier anführen, worin er »die glückliche Fahrt« – freilich weniger nach gefährlichem Nebel als nach lang anhaltender Windstille – besingt:

»Die Nebel zerreißen,
Der Himmel ist helle
Und Äolus löset
Das ängstliche Band.
Es säuseln die Winde,
Es rührt sich der Schiffer.
Geschwinde! Geschwinde!
Es teilt sich die Welle,
Es naht sich die Ferne;
Schon seh' ich das Land!«

Die Schiffsbegleiter.

Wirklich interessante Erscheinungen sind die verschiedenen Tierarten, welche dem Schiffe unterwegs begegnen oder dasselbe ein Stück begleiten. Zunächst sind es die Möven, jene schöne Art von Seevögeln, welche in großer Anzahl das Schiff umkreisen. Wenn sich letzteres dem Strande oder dem Hafen nähert, sieht man viele hunderte von diesen Vögeln, die auf den Augenblick warten, wo alle Überbleibsel der Speisen, wie Brot, Fleisch u. dergl., über Bord geworfen werden. Es ist ein sehr anziehendes Schauspiel, wenn diese Seevögel, nachdem sie eine Zeitlang durch die Luft geschwebt sind, mit einem Male zum Wasser hinabschießen, um kleine Fische zu fangen. Einige tauchen unter, andere bleiben so recht vergnügt auf der Oberfläche der Wellen. Wenn man von Bord aus dieses lustige, harmlose Treiben zwischen dem blauen Himmel und dem grünen Meere betrachtet, so könnte man diese zierlichen Tiere beinahe beneiden und meinen, man möchte wohl auch solch ein Vogel sein, um so recht vergnügt und froher Dinge in der freien Luft zu schweben und sich ohne Sorgen in Gesellschaft der Kameraden zu tummeln. Aber auch diese Vögel haben ein Leben voller Gefahren. So sahen wir eines Abends einige Möven, welche unserem Schiffe folgten und vor Mattigkeit kaum noch zu fliegen vermochten. Diese hatten sich wahrscheinlich von ihrem heimatlichen Strande zu weit entfernt und konnten ihn nicht mehr erreichen. Sie waren so matt, daß sie sich, ohne vor uns zurückzuschrecken, am Schiffsgeländer niederließen und sich mit bloßen Händen fangen ließen. Am nächsten Morgen gaben wir unsere kleinen Gefangenen, nachdem wir sie tüchtig gefüttert hatten, wieder frei, in der Hoffnung, daß sie den Weg zum heimatlichen Strande zurückfinden würden.

Die eintönige Fahrt wird ferner durch die fliegenden Fische unterbrochen. Diese sind jedoch nicht überall anzutreffen; sie scheinen bestimmte Strecken im Meere zu verschiedenen Zeiten aufzusuchen. So sahen wir sie tagelang garnicht, an anderen Tagen dagegen konnten wir sie in bedeutender Zahl beobachten. Sie schnellen mittels ihrer großen langen Flossen über die Oberfläche des Wassers wie ein abgeschossener Pfeil dahin. Von weitem hat ihre

Fortbewegung viel Ähnlichkeit mit dem Fluge einer Schwalbe.

Das Interessanteste von allem aber war unsere Begegnung mit einem Walfisch. Ca. 400-500 m vom Schiffe entfernt, entdeckten wir eines Tages ein schwarzes Etwas. Wir glaubten ein Wrack oder eine Klippe vor uns zu haben, aber als wir einige Zeit aufmerksam hingesehen hatten, bemerkten wir, daß diese schwarze Masse sich immer mehr hob und dann plötzlich verschwand. Dieses wiederholte sich mehrmals. Da auf einmal ragte ein Riesenkörper empor, und nun erkannten wir einen mächtigen Walfisch. Weil er sich von dem Meere fast senkrecht abhob, konnten wir die ganze Gestalt sehr gut erkennen. Wenn wir auch bei der Entfernung die Länge des Tieres nicht genau nach Metern zu bemessen vermochten, so war uns doch das eine klar, daß wir einen mächtigen Riesen des Meeres vor uns hatten. Es war ein imposanter Anblick, dieses Auf- und Untertauchen des gewaltigen Tieres, und wir verfolgten dasselbe mit unseren Augen, so lange es irgend möglich war. Ich hätte gewünscht, die Fahrt des Schiffes auf einige Augenblicke hemmen zu können, damit auch alle andern Passagiere an diesem Schauspiel sich hätten weiden können, aber leider war es unmöglich, und so mußten die, die es nicht gesehen, mit unserer Erzählung fürlieb nehmen.

Nicht so imposant wie diese Riesen sind die Delphine, aber auch sie tragen zur Unterhaltung viel bei und bringen einige Abwechslung in das Leben an Bord. Wir haben viele Delphine in einzelnen Gruppen beobachten können, einmal sogar zu mehreren Hunderten. Sie scheinen ein bis zwei Meter groß zu sein, tauchen mit ihrem plumpen Körper kopfüber unter oder schnellen aus dem Wasser heraus, um über dem Meeresspiegel ihre Kunststücke zu üben. – So hat auch das Meer durch seine Bewohner seinen Tribut zur Unterhaltung der Passagiere dargebracht.

Das Leben an Bord.

Demjenigen, der zum ersten Male zu Schiff reist und nun mehrere Wochen an Bord zubringen muß, wird eigentümlich zu Mute, wenn er sich sein neues Heim näher ansieht. So will ich denn hier versuchen, meinen Lesern und besonders meinen jungen Freunden in der Heimat einen flüchtigen Einblick in dieses neue Leben zu verschaffen, damit sie bei einer späteren Reise besser Bescheid wissen. Zunächst die Kajüte. Man denke sich einen Raum von 2½ bis 3 m im Quadrat, auf der einen Seite zwei Bettstellen übereinander und neben diesen einen Kleiderschrank von etwa ½ m Breite und ½ m Tiefe, auf der andern ein Sofa. Zwischen Sofa und Betten befinden sich zwei große Spiegel mit Waschtoilette schräg gegenüberliegend, sodaß zwischen diesen noch ein freier, allerdings nicht großer Raum übrig bleibt. Hier stehen die kleineren Koffer, das sogenannte Handgepäck, während die großen Koffer in dem Magazin für Passagiergepäck aufbewahrt werden, das täglich zu einer bestimmten Zeit den Reisenden zugänglich ist. Eine Leiter für den Inhaber des oberen Bettes ist selbstverständlich auch vorhanden, damit sich derselbe in seine in der ersten Etage liegenden Gemächer zurückziehen kann. Die Waschtoilette besteht aus Waschschüssel, Wasserkaraffe, Gläsern, Nachtgeschirr, Seife und Handtüchern und ist äußerst praktisch eingerichtet; man braucht sie nur herunterzuklappen, dann hat man eine hübsche große Fläche mit dem Nötigen vor sich. Nach Benutzung klappt man alles wieder hoch und spart auf diese Weise viel Raum. Auf dem Schiffe muß man sich überhaupt daran gewöhnen, mit wenig Raum auszukommen, da dieser das Kostbarste in der schwimmenden Wohnung ist. Zum Zudecken des Körpers während des Schlafes benutzt man wollene Decken, welche vom Schiffe geliefert werden. Das ist die ganze »komfortable« Einrichtung einer Kajüte. Anfangs schien es mir, als ob ich mich in dieser engen Behausung nicht frei bewegen könnte, ohne irgendwo anzustoßen, vermochte ich doch mit ausgestreckten Armen die Decke zu berühren! Obwohl wir Japaner so zierlich gebaut sind, kam mir meine neue Welt doch so winzig vor, daß ich glaubte, ich hätte selbst für meine kleine Person keinen Platz darin. Aber wie der Mensch sich an alles gewöhnt, so gewöhnten auch wir uns bald an unsere Kajüte und meinten später ein großes Reich zu besitzen. Man bedenke, ein Handausstrecken genügt, und alles was man haben will, kann man erreichen und fassen: kann es etwas bequemeres geben? So fühlten wir uns in diesem engen Raum am Ende ganz wohl, vor allen Dingen fanden wir ihn sehr praktisch. Wenn man an die vielen Zimmer denkt, die man sonst zu Hause zu bewohnen pflegt, dann muß man sich unwillkürlich sagen: Welch' eine Verschwendung, welch ein großer Luxus ist eine so große Wohnung! Kann man doch mit bedeutend weniger auskommen! So dachten wir oft verständnisvoll an den Griechen Diogenes, der in einer Tonne gelebt haben soll, an Sokrates, der gesagt hat, daß Nichts bedürfen göttlich sei, daß demnach derjenige, welcher am wenigsten bedürfe, der Gottheit am nächsten sei.

Die Einrichtung der Kajüten der ersten und zweiten Klasse ist so ziemlich gleich, nur sind sie in der ersten Klasse etwas geräumiger und haben eine bessere Ausstattung. Meine Kajüte hatte einen Vorzug, das waren zwei Luken, durch die sie frische Luft und Licht erhielt; bei schönem Wetter blickte auch wohl die Sonne herein und verlieh dem Raum ein freundliches Aussehen. Die Kajüten aber, die in der Mitte des Schiffes liegen, sind dunkel und ohne Luken, sodaß man stets elektrisches Licht anzünden muß, um einigermaßen sehen zu können; außerdem sind sie mit einem Ventilator versehen, welcher elektrisch betrieben wird und für frische Luft sorgt. Aber leider ist seine Tätigkeit nur in einer bestimmten Höhe fühlbar, denn ober- und unterhalb derselben entsteht kein Luftzug, sodaß im ganzen in einer solchen Kabine keine angenehme Luft herrscht. Noch einen andern Übelstand bringt der Ventilator mit sich, das ist sein Geräusch, welches recht unangenehm auf die Nerven wirkt.

Nachdem man des Nachts in der Kajüte der Ruhe gepflegt hat, fängt mit Anbruch des Tages das Leben auf dem Verdeck an. Sobald die Glocke läutet, steht man auf, geht eine Zeitlang auf dem Verdeck spazieren und nimmt dann, wenn die Glocke zum zweiten Male ertönt, das erste Frühstück ein. Einige jedoch standen schon vor dem ersten Glockenschlag auf und wanderten auf dem Verdeck umher, denn es ist unstreitig von allem Schönen das Schönste, wenn man sich früh morgens erhebt und die weite unendliche See mit dem wunderbaren Aufgang der Sonne betrachtet. Die erhabene Unendlichkeit des Meeres, von dem in mattem Rot gefärbten Dunstschleier am Horizont begrenzt – welche Herrlichkeit! Ich mußte dabei öfters an ein Gespräch unseres verstorbenen Kultusministers Vicomte Mori mit dem chinesischen Staatsmann Li-Hung-Tschang denken, als jener noch als Gesandter von Japan am Pekinger Hofe weilte. Li fragte ihn nämlich einmal, was er in der Welt für das Schönste und Erhabenste halte, worauf jener zur Antwort gab, daß es für ihn nichts Schöneres und Erhabeneres gäbe, als wenn er sich mitten auf dem endlosen Meere befinde und das Auge über die weite, weite Fläche schweifen ließe. Nur in diesem Augenblick fühle man, entrückt von allem irdischen Staube, das wahrhaft Schönste und Erhabenste! Li-Hung-Tschang, der auf seine scheinbar einfache Frage vielleicht eine politische Antwort zu erhalten geglaubt hatte, war ob dieser unerwarteten gefühlvollen Entgegnung nicht wenig erstaunt und konnte nicht umhin, sein Gegenüber als einen ebenso empfindungsreichen wie geschickten Diplomaten anzuerkennen.

Auf das erste Frühstück folgt, wie schon oben erwähnt, in langem Abstand das zweite. Nach diesem wird durch Lesen oder Unterhaltung die Zeit auf dem Promenadendeck vertrieben, bis die Glocke zum Mittagessen ruft und auch diese Beschäftigung unterbricht. Nach dem Essen folgt die Siesta bis zur Vesperzeit. Da sieht man fast alle Passagiere langgestreckt auf den Rohrstühlen liegen und schlafen. Erst am Abend, wenn es kühler wird, beginnt ein regeres Leben. Da wird der Rauchsalon stark besetzt, auf dem Promenadendeck spaziert man paarweise plaudernd umher oder bildet hier und da Gruppen, von denen Witzworte hin- und herfliegen. So geht es bis spät in die Nacht hinein, um endlich ermüdet seine enge Behausung wieder aufzusuchen und, des glücklich überstandenen Tages froh, durch erquickenden Schlaf sich zum nächsten Tage zu stärken. Ein Tag gleicht dem andern, nur das Ziel rückt immer näher und neugierigen Auges betrachtet man den Ort, wo sich das Schiff befindet, auf der an Bord befindlichen Landkarte. Jeden Tag einmal wird nämlich auf dieser Karte angezeigt, wieviel Meilen das Schiff in den letzten 24 Stunden zurückgelegt hat und welche Stelle es augenblicklich einnimmt.

Im allgemeinen kann man sagen, daß nächst dem Essen und Trinken das Schlafen die Hauptbeschäftigung der Passagiere ausmacht und daß Morpheus vor allen andern Göttern hier sein Szepter schwingt:

»Hoch vor allen
Gaben des Himmlischen
Sei mir gepriesen
Du, der Seele
Lebendes Wasser,
Gliederlösender
Heiliger Schlaf.
- - - - - - -
- - - - - - -
Ein heilig Bad
Bist Du, o Schlummer,
Würziger Kraft voll.
Mut und Erneuung
Atmet die Psyche,
Wenn Deine Woge
Sanft die bewußtlos
Schwimmende trägt
Von Leben zu Leben,
Von Strand zu Strand.«

So priesen wir mit Geibel den süßen erquickenden Schlaf. Er hauptsächlich verscheucht die furchtbare Langeweile während der öden, eintönigen Wasserfahrt, sei es, daß er den Schläfer in die Heimat zu seinen Lieben entführt, sei es, daß er vor ihm in den prächtigsten Farben Zukunftsbilder von dem Lande entrollt, wohin er fährt, die aber leider von ebenso kurzer Dauer sind, wie sie der rauhen Wirklichkeit wenig entsprechen. Aber auch andere Bilder ziehen vor dem Geiste des Träumers vorbei, und nur das Rasseln der Schrauben und das Plätschern der Wellen erinnern ihn von Zeit zu Zeit an die Wirklichkeit, an das rastlose Vorwärtsstreben des Dampfers.

Handel an Bord.

Jedesmal, wenn das Schiff in einen Hafen einläuft, wird es von den Landbewohnern besucht, die, mit den verschiedensten Produkten ihres Landes reichlich beladen, auf das Deck kommen, um mit den Insassen Handel zu treiben. Manchmal ist die Zahl dieser Geschäftsleute so ungeheuer und das Gedränge an Bord so groß, daß man sich kaum frei bewegen kann. Sie verursachen auch gelegentlich so großen Lärm, daß man nicht imstande ist, sein eigenes Wort zu verstehen. Hierbei kann man jedoch die verschiedensten Charaktere der Völker sehr gut kennen lernen und auch die Art und Weise studieren, wie sie ihre Waren feilbieten.

Ausladen der Fracht in einem Hafen.

In Hongkong und Shanghai kommen die Chinesen. Gestickte Seide, Tusche, Pinsel, Geldstücke, meistenteils alte Kupfermünzen, Schnitzereien aus Ebenholz und Elfenbein, goldene und silberne Ringe, Knöpfe, Nadeln, Gürtelschlösser u. s. w. sind ihre Spezialitäten. In Penang bringen ebenfalls die Chinesen Schmuckgegenstände und insbesondere wunderhübsche Kunstkistchen in verschiedenen Größen, aus schönem Holz verfertigt, zum Verkauf. In Colombo erscheinen die braunen Eingeborenen mit den verschiedensten Sachen aus Elfenbein, mit allerlei Arten von Edelsteinen wie Rubinen, Saphiren, Topasen u. s. w., worunter natürlich auch viele falsche sind, die aber die Verkäufer mit ernster Miene als echte Edelsteine anpreisen. Auch Bergkristalle und Granaten, metallene Gegenstände, ferner Gewürz, Tee, Kaffeebohnen, alle möglichen Früchte, eigentümliche Waffen aus langen scharfen Knochen von Tieren und Fischen u. s. w. werden hier angepriesen. In Port Said werden besonders Brokat, goldgestickte Teppiche und Tischdecken in herrlichster Ausführung, Korallen, kurze Uhrketten aus Metall mit Geldstücken, Straußenfedern, Straußeneierschalen, buntgeflochtene Körbe und anderes angeboten; ferner gute und sehr billige Cigaretten, aber man darf leider nicht zu viel davon kaufen, denn wenn man nach Italien kommt, werden sie verzollt und der Zoll beträgt ungefähr das Doppelte von dem, was man dafür bezahlt hat. In Neapel kann man außer verschiedenen feinen Schmuckgegenständen geschnitzte Figuren, Knöpfe, Gemmen u. s. w. aus Lava und Marmor als Spezialitäten erwerben. Erwähnen möchte ich noch, daß an jedem Orte Photographien und Ansichtspostkarten zu haben sind. Die Verkäufer sind fast überall zudringliche, mitunter unsaubere Leute, so daß sie Jedem Abscheu einflößen und man froh ist, wenn sie das Schiff verlassen haben. In einzelnen Häfen kommt man diesen Händlern sogar mit größtem Mißtrauen entgegen, da sie als unehrliche Leute bekannt sind, und vorsichtshalber werden sämtliche Behälter und Türen verschlossen. In Port Said z. B. wurde mit ihnen sehr derb verfahren. Hier erwarteten die Matrosen, an der Schiffstreppe mit Knütteln Posten stehend, die Ankömmlinge und ließen niemanden herauf. Aber obwohl es Hiebe hagelte, wichen diese Kerle nicht von dannen und schließlich gelang es doch einigen von ihnen, hindurchzuschlüpfen oder die Matrosen mit Geld oder Waren zu bestechen. Gerade in Port Said, wo die Kaufleute den verschiedensten Völkern angehören, wie Indern, Arabern, Italienern u. a. m., widert einen die Gesellschaft besonders an, so daß man mit Ekel die angebotenen Sachen zurückstößt. Zudem sprechen diese Händler eine eigentümliche, man könnte sagen, eigene Weltsprache, d. h. ein Gemisch von allen Sprachen, Englisch, Italienisch, Französisch, Deutsch, Arabisch u. s. w., von jeder Sprache etwas. Im allgemeinen wird sonst Englisch gesprochen, oder richtiger gesagt, geschrien. Doch geht der Handel mitunter auch sprachlos mittelst Gestikulationen, Achselzucken u. s. w. gut von statten. Wie unehrlich dieses Gesindel ist, mußte einer von uns bei folgender Gelegenheit erkennen: derselbe kaufte eine Photographie und bezahlte mit einem Goldstück, worauf der Verkäufer herausgeben sollte; aber kaum hatte dieser das Goldstück in der Hand, so verschwand er in der großen Menge und kam nicht wieder zum Vorschein. Aber auch, wenn diese Kerle herausgeben, muß man vorsichtig sein und aufpassen, da sie nicht selten falsches Geld bei sich führen. Auch Wechsler erscheinen mit großen Beuteln voll Gold und Silbermünzen an Bord. Diese erhalten zwar wegen der hohen Prozente, die sie für sich beanspruchen, wenig Aufträge, verdienen aber doch immerhin ganz beträchtlich, da man in den verschiedenen Gewässern mit verschiedenen Geldsorten zahlen muß. Auch Schneider erscheinen mit Kleidungsstücken, die sie verhältnismäßig billig ablassen. Sie kaufen auch von den Passagieren und Mannschaften alte Kleider, Wäsche u. s. w. Im allgemeinen sind die Preise der an Bord feilgebotenen Gegenstände außerordentlich hoch; man muß deshalb sehr handeln und kann gewiß sein, das betreffende Stück schon für die Hälfte des geforderten Preises zu erhalten. Die meisten Sachen sind auch minderwertig. Die Verkäufer preisen sie jedoch ungeheuer an und wissen stets einige davon los zu werden. Natürlich kaufen die Passagiere in vielen Fällen für teures Geld Sachen, die keinen Pfennig wert sind – ich, der ich imitierte gefärbte Glaskugeln für echte Korallen hielt und kaufte, gehörte auch leider zu diesen – aber man befindet sich einmal auf der Reise und da macht es doch Vergnügen, etwas mitzubringen oder seinen Lieben aus der Ferne Kleinigkeiten zu senden, auch wenn man diese Freude teuer bezahlen muß.

In Singapore, Port Said und Colombo kommen auch viele kleine Eingeborene, Knaben, unbekleidet, fast wie Affen aussehend, mit ihren Kähnen zum Schiff heran. In Colombo haben dieselben aus Baumstämmen ausgehöhlte, langgestreckte Fahrzeuge, welche sie geschickt bewegen. Natürlich treiben diese Kinder keinen Handel mit den Schiffsinsassen, machen aber ebenso wie die andern Kaufleute gute Geschäfte. Sobald sie die Passagiere am Schiffsgeländer erblicken, schreien sie mit krächzender Stimme oder zeigen mit der Hand, daß man Geldstücke ins Wasser werfen möchte, wonach sie mit unglaublicher Geschicklichkeit hinabtauchen. Einzelne von ihnen, die besonders gewandt sind, verdienen hierdurch viel Geld. Da sie unbekleidet sind, infolgedessen keine Taschen haben, stecken sie die aufgefischten Geldstücke in den Mund. – In Neapel sahen wir gleichfalls derartige Taucher, doch waren es hier erwachsene Männer in hellen Badeanzügen, ganz fein aussehend. In dieser Verschiedenartigkeit prägte sich recht deutlich der Gegensatz zwischen den Naturvölkern und der zivilisierten Welt aus.

Tanzvergnügen an Bord.

Auf unserer Fahrt fand für die erste und zweite Klasse je ein großes Tanzvergnügen statt. Hierzu wurde das Promenadendeck mit farbigen Tüchern und Fahnen schön ausgeschmückt und abgegrenzt. Viele farbige elektrische Lampen wurden angezündet, so daß man glauben konnte, sich nicht auf einem Schiffe, sondern in einem festlich geschmückten Saale zu befinden. Sämtliche Herren und Damen erschienen festlich gekleidet: die Damen fast ohne

Ausnahme in heller Toilette, die Herren in schwarzen Gesellschaftsanzügen oder in hellen Sommerkostümen. Nach dem Abendessen nahm die Schiffskapelle ihre Plätze ein und begann zu spielen. Als Einleitung kam ein Promenadenstück, dann folgten die verschiedenen Tänze wie Walzer, Polka, Rheinländer, Quadrille und wie sie alle heißen, welche bis tief in die Nacht hinein getanzt wurden. Wir Japaner waren auch dazu eingeladen und sahen diesem Treiben mit Vergnügen zu, wenn wir denselben auch kein allzugroßes Interesse entgegenbrachten. Die elastischen Gestalten drehten sich, einander mit dem Arm umschlingend, oder bewegten sich nach dem Kommando eines Herrn von einer Seite zur andern durcheinander. Bald glichen sie Schmetterlingen, die paarweis von Blume zu Blume flattern, bald sich drehenden Kreiseln. Wie ich hörte, sollen alle diese Tänze fast über ganz Europa verbreitet sein, doch soll fast ein jedes Land außerdem noch eigene Nationaltänze haben. Überhaupt wird in Europa das Tanzen sehr gepflegt und schon in frühester Jugend erlernen Knaben und Mädchen diese Kunst entweder im geselligen Zusammensein der einzelnen Familien oder bei einem Tanzlehrer, welchem selbst Schulen, besonders Mädchenschulen sehr entgegenkommen, so daß sie ihm mitunter für seine Tanzstunden die Turnhalle überlassen. So wird in Europa fast jede Gelegenheit ausgenutzt, um ein Tanzvergnügen zu veranstalten, ungerechnet jene, die in vielen öffentlichen Lokalen stattfinden. Ein guter Tänzer wird in Europa sehr gern gesehen und eingeladen; er kommt dadurch leichter in die Gesellschaft hinein und erhält einen großen Bekanntenkreis, der ihm in mancher Beziehung von Nutzen ist.

Im Zusammenhang mit Obigem erzählte mir ein Deutscher, daß in größeren Städten große, prachtvoll ausgestattete Säle seien, wo täglich getanzt wird, die sogenannten öffentlichen Tanzhallen. Hier jedoch seien fast nur Mädchen zu finden, die keinen guten Lebenswandel führen und leichtlebige Herren, die auf nicht gerade anständige Art ihr Geld verprassen. Die besseren Tanzvergnügungen, d. h. diejenigen, die von Familien, Vereinen oder aus einem bestimmten Anlaß für engere Kreise veranstaltet werden, haben jedoch – wenn man so sagen darf – einen Vorteil, und das sind die vielen Ehen, die durch diese gestiftet werden, insofern sie es ermöglichen, daß die jungen Leute sich kennen lernen. Ich weiß nicht, ob die Eheschließung dem Tanzen wirklich so viel zu verdanken hat, auf jeden Fall ist es aber klar, daß der Mensch dadurch aufgeheitert und angeregt wird, daß bei manchem ein wirkliches Bedürfnis befriedigt und ihm nach anstrengender Arbeit eine wohltuende Erfrischung gewährt wird. Gegen diese Lichtseiten hat der Tanz natürlich auch seine Schattenseiten, nämlich die, daß gerade dadurch viele Menschen, Männer wie Frauen, leichtsinnig werden, die Arbeit im Stich lassen, nur dem Vergnügen huldigen, wie denn auch wohl manche moralische Untugenden und Laster hier ihre Brutstätte haben.

Auf dem Schiffe bemerkte ich, daß sogar ältere Leute, besonders Engländer, viel und gern tanzten, ein Beweis, wie rüstig und gelenkig man sich selbst bis ins hohe Alter hinein erhalten kann. Auch bei uns in Japan haben wir bereits vor mehreren Jahren versucht, europäische Tänze einzuführen, aber da dieselben unserem Geschmack nicht entsprachen, so werden sie jetzt nur wenig getanzt. Einzelne Kreise haben seiner Zeit sogar einen Maskenball nach europäischem Muster veranstaltet, jedoch ist es auch hier bei diesem einen Versuch geblieben. Der Hauptgrund, daß wir uns an diese Tänze nicht gewöhnen können, liegt wohl in der Verschiedenheit unserer Kleidung, Wohnung und vor allen Dingen unserer althergebrachten Musik, welche zum Tanze ungeeignet ist.

Im Zusammenhang hierzu möchte ich einiges über die

Schiffskapelle

mitteilen. Auf dem Schiffe wird an jedem Tage mehrere Male konzertiert, regelmäßig morgens und abends. Die Kapelle besteht aus Stewards, die ihre Sache vortrefflich verstehen und sehr gut spielen. Nachdem sie beim Essen aufgewartet und ihre Kellnerpflichten erfüllt haben, begeben sie sich auf das Verdeck und beginnen hier ihr Konzert, welches gewöhnlich mehrere Stücke umfaßt, jedoch werden vorwiegend lustige Sachen gespielt. Ich hatte geglaubt, daß die Kapelle nur aus Berufsmusikern bestände, habe mich jedoch davon überzeugt, daß diese nur von den Stewards gebildet wurde und konnte mir danach wohl vorstellen, wie weit verbreitet und wie hochentwickelt die Musik in Europa sein mag. In Europa scheint fast jeder Musiktreibender zu sein und besonders in Deutschland, wo die meisten ohne Unterschied des Geschlechtes mindestens ein Musikinstrument gut spielen sollen. Bei uns befassen sich fast nur Frauen mit Musik, während Männer bloß unter den Berufsmusikern zu finden sind. Außerdem fehlt unsern althergebrachten Instrumenten meistenteils die Harmonie; sie klingen teils melancholisch, teils eintönig. Auch sind sie wegen ihrer leisen Töne nur in einem kleinen Zimmer zu hören, in einem großen Raum oder im Freien würden sie einfach verhallen. Daß nach dem oben Gesagten unsere althergebrachte Musik nicht zum Tanze geeignet ist, versteht sich von selbst.

Musik an Bord.

In der Tat ist es eine Lücke in der Kultur unseres Landes, daß man bisher auf das ästhetisch so bedeutsame Mittel der Musik keine besondere Sorgfalt verwendet hat. Es werden jedoch jetzt in den Schulen Gesangstunden abgehalten; in der Musikschule, in welcher ein deutscher Kapellmeister angestellt ist, werden alle europäischen Musikinstrumente gelehrt; die Militär- und Marinekapellen sind ganz nach europäischem Muster eingerichtet, auch gibt es eine Hofkapelle und mehrere Privatkapellen, die echt europäische Musik vortragen. Aber da die Musik ebenso wie die Malerei, ja wie jede Kunst, mit dem Charakter des Volkes aufs innigste zusammenhängt, so werden noch Jahre vergehen, bevor sich diese Musik in ihrer modernen Technik in unserm Heimatlande eingebürgert haben wird. Von einem jungaufblühenden Lande kann man ja nicht verlangen, daß es mit einem Schlage in allen Dingen gleich die höchste Stufe erreicht; man muß ihm vielmehr Zeit lassen und allmählich wird unser Volk sicher auch diese ihm bisher noch fehlenden Talente zur Entwickelung bringen, um dann auch hier einen ehrenvollen Platz einzunehmen. In materiellen Dingen kann man ja schnell Riesenschritte machen, aber in Kunst und Wissenschaft, die dem Volke in Fleisch und Blut übergehen sollen, da muß man sich schon in Geduld fassen; doch die Zukunft wird auch hierin Wandel schaffen, ja vielleicht Wunder vollbringen.

Wohltätigkeitskonzerte,

deren Reinertrag für verunglückte Angestellte des >Norddeutschen Lloyd< oder deren Witwen und Waisen verwendet werden sollen, werden auf jeder Fahrt einmal arrangiert und daran beteiligen sich sämtliche Passagiere. Für das unsrige war ein vielseitiges Programm aufgestellt, von dem ich hier einige Nummern anführen möchte. Eingeleitet wurde das Fest durch Ansprache des Kapitäns und des für dieses Fest gebildeten Komitees, worin besonders der Zweck betont und schon im Voraus der Dank für die Mildtätigkeit der Teilnehmer und Spender ausgesprochen wurde. Hierauf folgten die heiteren Vorträge: ein Herr spielte vorzüglich Klavier, eine Dame trug einige Stücke auf der Zither vor, von mehreren Passagieren wurden verschiedene kleine Possen aufgeführt, eine junge Dame erfreute die Zuhörer durch den Gesang einiger schöner Lieder u. s. w. Hervorzuheben war die Leistung eines amerikanischen Offiziers, der als Dame verkleidet und schön geschminkt, die drolligsten Sachen vortrug und bei sämtlichen Zuhörern wahre Lachsalven erweckte. Hierauf wurden von mehreren Damen die Gaben eingesammelt und jeder gab soviel er geben konnte. Wie man uns beim Schluß des Festes mitteilte, war eine ziemlich bedeutende Summe zusammengekommen.

Die entgegengesetzten Gefühle der Hin- und Herreise.

Welch' ein bedeutender Unterschied liegt in den Gefühlen, mit welchen man die Hinreise macht und denen, die die Rückreise erweckt, und doch wohnen diese beiden Gegensätze auf einem und demselben Schiffe friedlich nebeneinander. Ein eifriger Beobachter könnte hier die schönsten Studien machen. Um bei uns, die wir uns auf der Fahrt von der Heimat befanden, anzufangen, so fühlten wir mit jedem Tage die Entfernung, welche uns von unsern Lieben trennte, größer werden. In den ersten Nächten blieb uns erquickender Schlummer fern. Denn ein eigentümliches Gefühl, gemischt aus der freudigen Aussicht, viel Schönes zu sehen und zu lernen, und aus dem Unbehagen, das Vaterland und die Seinigen so lange zu verlassen, hielt uns wach. Ja, es war, als ob eine Leere im Herzen entstünde, und in gleichem Maße, wie die Entfernung wuchs, glaubte man von Tag zu Tag ein Fortschreiten dieser Empfindung wahrzunehmen. Es ist uns dabei zu Mute, als ob jemand hinter unserem Rücken stände und uns fortwährend nach hinten zöge.

Wie anders dagegen ist das Gefühl derjenigen, die sich auf der Rückreise befinden. Mit jedem Tage nähert man sich mehr und mehr der heimatlichen Küste und man kann wohl sagen, mit jeder Meile wächst die Freude und die Sehnsucht, die Lieben wieder vor sich zu haben, sie sprechen zu hören und sie in die Arme schließen zu können. Schon auf dem Schiff erzählten die auf der Rückreise Befindlichen gern und viel von der Heimat und man fühlt hier so recht die Wahrheit des Wortes: »Weß das Herz voll ist, deß läuft der Mund über,« während die

Dahinfahrenden – besonders in den ersten Tagen – meist stumm und nachdenklich den Kopf hängen lassen oder, die Hände aufs Schiffsgeländer gestützt, in das weite Meer hinausstarren. Man könnte diese beiden Arten, die ich eben geschildert habe, als die normalen bezeichnen, denn ein jeder, welcher eine Heimat besitzt, wird beim Abschied Schmerz, beim Wiedersehen Freude empfinden.

Nun gibt es aber noch Menschen, die sozusagen keine Heimat haben, d. h. die nach einem neuen Ziele streben und die Brücke hinter sich vollständig abgebrochen haben, oder solche, die aus reiner Reiselust von einem Weltteil zum andern fahren, bald hier, bald dort ihr Heim aufschlagen und überall zu Hause sind. Die Gefühle dieser Menschen sind selbstverständlich andere, oder vielleicht könnte man von ihnen sagen, sie fühlen überhaupt nichts Besonderes, da sie ja nichts zu verlieren und nichts zu gewinnen haben.

Unser Schiff.

Staatskabine des »König Albert«.

Wie schon mehrfach erwähnt, hatten wir uns auf dem deutschen Reichspostdampfer »König Albert«, dem >Norddeutschen Lloyd< gehörig, eingeschifft, und da uns dieser Dampfer bei der Überfahrt so gute Dienste geleistet hat, so fühle ich mich verpflichtet, über ihn zu schreiben und ihn meinen Landsleuten, die nach mir die Fahrt nach Deutschland unternehmen werden, zu empfehlen. Der Dampfer ist ca. 150 m lang und 20 m breit und ist der größte Dampfer des >Norddeutschen Lloyd<, welcher von Japan nach Deutschland verkehrt. Er kann außer einer ungeheuren Ladung noch etwa 2400 Passagiere (davon 2000 dritter Klasse) beherbergen. Auf unserer Fahrt wurden an Kajütenpassagieren erster und zweiter Klasse aufgenommen 54 Personen in Japan, 40 Personen in Shanghai, 40 in Hongkong, 45 in Singapore, 13 in Penang und 15 in Colombo. Wie viele Passagiere sich außerdem noch in der dritten Klasse befanden, ist mir nicht bekannt. Auch eine ziemlich bedeutende Schiffsbesatzung – ungefähr 200 Köpfe – war an Bord.

Promenadendeck des »König Albert«.

Auf dem Dampfer unterscheidet man das Hauptdeck, über diesem das Oberdeck, hierüber das untere, dann das obere Promenadendeck und ganz oben das kleine Sonnendeck. Vorzüglich eingerichtet und wahrhaft künstlerisch ausgestattet ist der Speisesaal, welcher auf dem unteren Promenadendeck liegt; ferner das sehr große Musikzimmer, beide für Passagiere erster Klasse. Aber auch Speisesaal und Damenzimmer für die Passagiere zweiter Klasse, welche sich auf dem Oberdeck befinden, sind äußerst geräumig und schön eingerichtet. Für die Passagiere erster sowohl wie zweiter Klasse ist je ein Rauchsalon vorhanden. Sämtliche Räume werden mittels unzähliger elektrischer Glühlampen erleuchtet. Einer besonders luxuriösen Ausstattung erfreut sich die Staatskabine, die ihrerseits wieder aus Wohn-, Schlaf- und Badezimmer besteht. Aber auch die Kajüten erster und zweiter Klasse sind gut und praktisch eingerichtet und man kann in ihnen die lange Überfahrt, auch wenn sie sechs Wochen oder noch länger dauert, bequem überstehen. Wir haben uns darin jedenfalls sehr wohl gefühlt und ich glaube dasselbe von jedem andern Passagier annehmen zu dürfen. Auch die Verpflegung auf dem Schiff ist – wie ich schon einmal erwähnt habe – geradezu ausgezeichnet, ich will nicht verfehlen, auch an dieser Stelle meiner Zufriedenheit Ausdruck zu geben. Es ist dies ja nur eine Bestätigung dessen, was man öfters sagen hört, daß der >Norddeutsche Lloyd< und die >Hamburg-Amerika-Linie<, diese beiden größten deutschen Schiffsgesellschaften, alles aufbieten, um die schnellsten und größten, zugleich aber auch die bequemsten und mit den neuesten Sicherheitsmaßregeln versehenen Schiffe in Dienst zu stellen. Hoffen wir, daß es ihnen noch lange gelingen wird, in diesem edlen Wettstreit an der Spitze zu bleiben, denn davon würden wir als Passagiere den größten Vorteil haben; das Reisen würde immer sicherer und angenehmer werden.

Damensalon des »König Albert«.

Trauriges während der Fahrt.

Wie uns auf unserer Fahrt viel Interessantes und Erfreuliches passiert ist, so hat es uns aber auch am Gegenteil nicht gefehlt.

Bei einer langen Fahrt, die anderthalb Monate dauert, und bei der großen Menge von Fahrgästen, die sich auf unserm Schiff befand, kann es nicht vermieden werden, daß manch' unangenehme Ereignisse vorkommen. So erzählte man mir, daß fast jede Fahrt Unglücksfälle, ja sogar nicht selten Todesfälle aufzuweisen hat. Leider traten diese beiden bei unserer Fahrt in verstärktem Maße vor, denn sie fingen bereits nach einer Fahrt von acht Tagen an. Zuerst überraschte uns der bereits erwähnte Todesfall eines Passagiers, eines Engländers, der mit seiner Familie von Japan nach Hause reiste. Der Verstorbene soll lungenleidend gewesen sein und hatte wohl von der Seefahrt Stärkung und Besserung seiner Krankheit erwartet. Aber der Mensch denkt und Gott lenkt! Der Leichnam des Verstorbenen wurde in Hongkong beigesetzt. In wie großer Trauer seine Hinterlassenen zurückblieben, läßt sich denken.

Bei der betreffenden Stelle meines Reiseberichts habe ich schon erwähnt, wie unerwartet und erschreckend mich die Nachricht getroffen hatte, daß in Hongkong mein Freund und früherer Schüler Dr. Okoshi, den ich dort aufsuchen wollte, verstorben war, und daß einen Tag vorher sein Leichenbegängnis stattgefunden hatte.

Im Indischen Ozean hörten wir plötzlich, daß ein Matrose verschwunden sei. Es wurde überall nach ihm gesucht, aber vergebens; er konnte nicht aufgefunden werden. Da entdeckte man nach etwa vier Tagen seine Leiche im Kohlenlager auf dem Boden des Schiffes. Man nahm an, daß er entweder von der ungeheuren Höhe herabgestürzt oder daß er durch Kohlengase erstickt sei. Der Leichnam wurde nach Seemannsart in das Meer gesenkt. Wohin man einen Leichnam zur Ruhe bestattet – ob in die dunkle Erde oder in das tiefe Meer – scheint ziemlich gleich zu sein, und doch ist es ein unheimliches Gefühl, wenn man sieht, wie in stiller Nacht beim Mondschein der Überrest eines unserer Mitmenschen in die Tiefe der unendlichen weiten See versenkt wird. Die Erde hat den Menschen geboren und es ist naturgemäß, daß er wieder in die Erde hineingesenkt wird. Heißt es doch: »Von Erde bist Du geworden, zur Erde sollst Du wieder werden!« Nur in der Erde findet man die rechte Ruhe, nur auf der Erde kann man einen Grabhügel errichten, mit Denkmal und Blumen zieren, nur vor dem Grabhügel haben die Hinterbliebenen das Gefühl, dem Toten immer noch nahe zu sein. In dem ewig bewegten Meere, in dem wild stürmenden Element scheint uns ein sanftes Ruhen nicht möglich. Doch des Seemanns Los ist es, daß er fern von der Heimat in der Tiefe der See sein Grab findet, wo kein Hügel, kein Stein später an ihn erinnert. Aber trotzdem wünscht sich jeder Seemann gerade den Tod auf der See und dort sein Begräbnis.

In Aden mußte ich erfahren, daß mein Kollege, Prof. Tachibana, welcher mich in Deutschland erwarten sollte, von einer schweren Krankheit befallen, seine Rückreise nach Japan angetreten habe. Ich wollte diesen Herrn auf seinem Posten in Deutschland ablösen und hatte geglaubt, ihn in voller Gesundheit anzutreffen. In meiner auf dem Schiffe verfaßten Reisebeschreibung hatte ich der Hoffnung Ausdruck gegeben, daß mein Kollege, wenn auch nicht ganz gesund, so doch gestärkt und gekräftigt sein Heimatland wieder erreichen und seine Lieben umarmen möge. Aber als ich in Berlin ankam, erhielt ich die tief erschütternde Nachricht, daß er unterwegs auf dem Schiffe dahingeschieden sei – eine Kunde, die mich in große Trauer versetzte. Aus den Briefen meiner Freunde, die ich zu gleicher Zeit aus meiner Heimat erhielt, ersah ich, daß mein Kollege noch das japanische Meer erreicht und noch vor seinem letzten Atemzuge am Horizont die blauen Gipfel seines teuren Vaterlandes emportauchen gesehen hat. In stiller Wehmut soll er die Heimat mit seinen Blicken verschlungen haben, als wollte er sie tief in sein Herz versenken. Mit den Worten, daß es ihm doch noch vergönnt gewesen, die heimatlichen Berge zu schauen, soll er verschieden sein. Würde er nur noch wenige Stunden gelebt haben, so hätte er noch den Heimatboden betreten und seine Familie begrüßen können. Allein, wie der deutsche Dichter sagt: »Mit des Geschickes Mächten ist kein ew'ger Bund zu flechten,« das Unglück kommt unerwartet und »rasch tritt der Tod den Menschen an.«

Die Frau und Kinder des Heimgegangenen, die ihn an der Landungsbrücke mit Sehnsucht erwarteten, um ihn nach langer Abwesenheit in ihrer Mitte zu bewillkommnen, konnten nur noch seine leblose Hülle umarmen. Diese herzzerreißende, qualvolle Szene, welche sich entwickelte, soll unbeschreiblich gewesen sein. Mein Freund, der mich hiervon benachrichtigte, schrieb mir, daß ihn selbst der Anblick dieser Trauer so ergriffen habe, daß er mir, statt einer eingehenden Beschreibung, nur noch Tränen hätte senden können. Dieses läßt sich aber auch leicht denken! Ein trostloseres und erschütterndes Bild kann man sich schwer vorstellen. Auch ich kann nicht schildern, wie sehr mein Gemüt bei der Nachricht vom Tode meines Kollegen in Mitleidenschaft gezogen wurde. Als ich meine diesbezüglichen Aufzeichnungen in meinem Tagebuch niederschrieb, war jede Silbe eine Träne!

So hat das unerbittliche Schicksal dafür gesorgt, daß mir auf meiner Reise auch das Traurige nicht erspart geblieben ist.

Die englischen Kolonien.

Daß England die größte Seemacht ist und große Kolonien besitzt, ist allgemein bekannt. Wenn man aber eine Weltreise macht, so kann man sich davon überzeugen, daß die englischen Besitzungen tatsächlich über die ganze Erde zerstreut liegen.

Der größte Teil meiner langen Fahrt ging auch an der

Küste der englischen Kolonien entlang. Die ganze Strecke, von Hongkong aus längs der indischen Küste, also Singapore, Penang, Colombo, Aden bis in das Mittelländische Meer, gehört den Engländern und so beherrschen sie den ganzen Ozean. Wie die Engländer zu allen diesen Besitzungen gekommen sind, ist zu bekannt, als daß es hier wiederholt zu werden brauchte. Ebenso braucht nicht erzählt zu werden, welch' große Reichtümer England aus all seinen Kolonien zieht.

Sehe ich aber mit meinen eigenen Augen die Völkerschaften längs der ganzen Küste, so kann ich nicht umhin, an ihren früheren Zustand zurückzudenken, an die Zeiten, in welchen diese Nationen noch ihre Freiheit und Selbständigkeit besaßen. Jetzt liegen sie da, von der gewaltigen Macht niedergedrückt und zerquetscht, so daß sie nur noch als Tributpflichtige dem Gewaltherrscher zu Füßen liegen. Nicht selten findet man jedoch unter diesen Völkern Männer, welche ihr Los beklagen und ihre Freiheit mit Wehmut zurücksehnen. Allein damit ist es wohl für immer vorbei, denn die Ketten, welche der Starke um sie geschlungen hält, sind felsenfest und können nicht mehr abgeschüttelt werden. Wenn es in der Welt so bleibt, wenn der Stärkere immer den Schwächeren niederzwingt, wenn stets nur Macht und Recht des Stärkeren Geltung finden: dann wird der Friede der Welt wohl immer gestört werden, und dem Schwachen wird nichts weiter übrig bleiben, als sein Unglück in Demut zu ertragen und dem Starken Handlangerdienste zu leisten. Wenn der Stärkere nur aus Egoismus handelt, wenn dieser der ausgesprochenste maß- und rücksichtsloseste ist, verbunden mit Brutalität und Barbarei, dann werden alle Grundsätze der Humanität mit Füßen getreten. Wie die entsetzlichen Barbareien des jüngsten südafrikanischen Krieges, der sich aus dem räuberischen Einfall des Jameson entwickelt hat, die

Empörung aller Parteien der zivilisierten Länder wachgerufen haben, und bei allen, die ein Herz in der Brust fühlen und denen die Grundsätze der Gerechtigkeit und der Menschlichkeit teuer sind, gerechten Zorn entflammten, so wird auch jeder andere Übergriff immer beurteilt werden, und dem Schwächeren wird Beistand nicht fehlen.

XIV.
Genua.

Hafen von Genua.

Die Fahrt zwischen Neapel und Genua war sehr schön, das Meer wie gewöhnlich sehr ruhig. Auf dieser Fahrt habe ich auch die Schönheit des italienischen Himmels bewundern können mit seinem wunderbaren Blau, wie man es nur hier sieht. Am 14. Mai abends ½6 Uhr kamen wir endlich in dem von uns langersehnten Hafen von Genua an. Hier verließen die meisten Passagiere das Schiff, so daß ein beträchtliches Gedränge entstand. Noch größer ward es dadurch, daß jeder Reisende seine Koffer mit sich ans Land nehmen mußte; nachdem auch wir beinahe zwei Stunden gewartet hatten, konnten wir endlich eine Gondel bekommen, in der die ganze japanische Kolonie »König Alberts« Platz nahm, um zum europäischen Festland zu fahren und zum ersten Male den Boden Europas zu betreten. Von unseren Landsleuten blieb Herr Kato an Bord, da er die Absicht hatte, bis nach England weiter zu fahren, wo er mehrere Jahre Studien halber zu verweilen gedenkt. Uns allen ward es schwer, diesen netten Reisegefährten mutterseelenallein an Bord zu lassen; doch wir konnten nicht anders und so reichten wir uns, auf ein fröhliches Wiedersehen hoffend, die Hand zum Abschiede.

Wir wurden nun sogleich zum Zollamt geführt, wo man uns nach den zu verzollenden Sachen fragte. Wir hatten nur unser Handgepäck bei uns, denn die größeren Gepäckstücke waren an Bord geblieben, um die Reise bis Hamburg per Schiff zu machen und von dort nach Berlin weiter befördert zu werden. So wurden wir sehr schnell abgefertigt, denn auf unsere Erklärung hin, daß alles nur Reiseeffekten seien, wurde bloß ein Blick in unsere Koffer getan, und die Zollangelegenheit war somit bald erledigt. Aber nicht bei allen ging es so glatt ab. So wurden bei einem unserer Reisegefährten, der ebenfalls auf die Frage, ob er verzollbare Gegenstände bei sich führe, mit »Nein« geantwortet hatte, Zigarren entdeckt, und die Strafe folgte hier sofort – er mußte als Zoll das Mehrfache dessen erlegen, was die Zigarren gekostet hatten. Wie groß das Gedränge und Gewühl war, das bei der Landung und bei dem Zollamte herrschte, kann man aus nachstehendem Erlebnis ersehen: ein x'scher Professor, ebenfalls ein Reisegefährte von uns, hatte mehrere Monate in Ceylon als Naturforscher geweilt. Die Resultate seines langen Aufenthaltes: photographische Aufnahmen, Sammlungen u. s. w., befanden sich in einem Koffer, den er als ein unschätzbares Gut mit sich führte. Aber in dem großen Gedränge war mit einem Male der große Koffer verschwunden. Der sonst so gemütliche Herr war wie rasend, er bot eine hohe Summe für die Wiedererlangung des verschwundenen Gepäckstücks, doch umsonst. Der Koffer ist, soviel ich weiß, auch während unseres dreitägigen Aufenthaltes in Genua nicht wieder aufgefunden worden. Den Schmerz und Jammer des Gelehrten über diesen unersetzbaren Verlust kann man sich wohl vorstellen.

Wir kehrten im Hôtel de la Ville, einem der größten Hôtels in Genua, ein. Dieses Hôtel soll früher ein Palast gewesen sein, in dem auch Vasco de Gama logiert haben soll. Die Zimmer waren alle sehr groß, sie erschienen uns sogar unheimlich groß, da wir direkt vom Schiff, aus unserer früheren engen Kajütenwohnung, in diese Räume versetzt wurden. Die Decke und Wände waren mit prächtigen Malereien geschmückt, die Säulen von Marmor, über den Betten waren Baldachine angebracht, die größer waren als die Kajüte unseres Schiffes. Der vierzigtägige Aufenthalt in der kleinen Kabine, wo man so eng wohnen mußte, wo man mit den Händen die Decke berühren konnte, war nun vorüber, und uns kam es vor wie ein gepreßter Gummiball, der sich mit einem Male ausdehnen kann, so weit er will. Beim Abendessen ließen wir uns den italienischen Chianti gut schmecken, um mit dem Gedanken, in ein paar Tagen unser Ziel, Berlin, erreichen zu können, in fröhlicher Stimmung zu Bett zu gehen. Im Schlaf wähnten wir noch immer an Bord zu sein, fortwährend glaubte das Ohr das Stampfen der Maschinen und das Plätschern der Wellen zu vernehmen.

Die Stadt Genua besitzt viele Sehenswürdigkeiten, wie das berühmte Campo Santo, den königlichen Palast, den Rigiberg, die Gallerien, Parkanlagen u. s. w., deren Besichtigung aber ziemlich viel Zeit in Anspruch nimmt. Glücklicherweise erwartete uns in Genua ein deutscher Herr, Namens Erdmannsdörffer, der Bruder unseres bereits einmal erwähnten deutschen Reisegefährten. Unter der sicheren Führung dieses Herrn, der sich schon mehrere Jahre in Italien aufhielt und mit den dortigen Verhältnissen vollkommen vertraut war, konnten wir einige der genannten Sehenswürdigkeiten mit Ruhe in Augenschein nehmen. Zuerst besuchten wir das Campo Santo. Es ist wohl der schönste Kirchhof in Europa, sowohl was seine paradiesische Anlage wie die herrlichen Grabdenkmäler betrifft. Diese reihen sich zu mehreren Hunderten in einem viereckig laufenden marmornen Säulengang aneinander und sind fast alle in graziösen Formen aus Marmor gemeißelt. Einige von ihnen gewährten zwar einen grausenerweckenden Anblick, aber im allgemeinen kann man sagen, daß sie auf uns einen ungemein beruhigenden Eindruck machten und in uns ein versöhnendes Gefühl gegenüber dem furchtbaren Tode, dem alle Menschen einmal anheim fallen müssen, wachriefen. Eine dieser Figuren hat mich bis in das innerste Mark erfaßt: am Sarge des geliebten Mannes ein junges Weib und neben ihr ein zartes Knäblein mit langem Lockenhaar. Wie sie den schönen Kopf so wehmütig hängen läßt! Wie sie mit ihrem sanften Auge so tieftraurig auf den Leichnam des Geliebten blickt! Nichts Grelles, nichts Übertriebenes ist in ihren Zügen und doch so grenzenlos der Schmerz, so sprachlos die innere Bewegung!.... Wie man in stiller Andacht zum Grabe eines Freundes tritt, so trat ich vor all diese Grabdenkmäler und mit ähnlichen Gefühlen verließ ich sie. Im Hintergrund des Kirchhofs erhebt sich ein Hügel mit der Aussicht auf das herrliche Panorama der Stadt und auf den Golf von Genua.

Marktplatz in Genua.

Vom Campo Santo fuhren wir mit der Drahtseilbahn den Rigi hinauf, um von oben die großartigste Aussicht über die Stadt Genua mit dem Hafen zu genießen. Die Fahrt bis zur Höhe des Berges dauerte ungefähr 20 Minuten. Die Lage von Genua ist nach der von Neapel, mit der sie eine auffallende Ähnlichkeit hat, gewiß eine der schönsten in Italien. Neapel hat freilich die Inseln und den Vesuv voraus, sonst dürfte Genua ihm wohl den Rang streitig machen. Ein herrliches Amphitheater von übereinanderliegenden Straßen und Berghöhen, liegt die Stadt Genua mit ihren prächtigen Gebäuden vor uns. Dazu die beiden großartigen Hafendämme, welche wie zwei riesige Arme ins Meer hinausgreifen, mit dem berühmten malerischen Leuchtturm an ihren Enden, der frei und stolz wie eine Säule emporragt. Den Hafen füllen alle nur möglichen Arten von Fahrzeugen, die ziemlich regelmäßig nebeneinander gereiht daliegen, in der Mitte eine breite Wasserstraße übrig lassend. Auch die den Hafen umschließende Verteidigungsmauer bemerkt man. Diese hängt mit der von der Landseite die Stadt umgebenden Mauer zusammen, zieht sich bis hinauf zu den Höhen, auf denen wir standen, und bildet ein mächtiges

Befestigungswerk, das aber jetzt bloß als Zeuge vergangener Schanzkunst dient. Über die Stadt und den Hafen hinweg schweift das Auge auf das weite blaue Meer, auf dem hie und da weiße Segel oder schwarze Rauchwölkchen bemerkbar sind. Eine herrliche Aussicht, die in der Tat über jede Beschreibung erhaben ist!

Nach kurzem hatten wir die halbe Stadt durchwandert und bald dieses, bald jenes – Paläste, Denkmäler, Parkanlagen, Kirchen u. s. w. – gesehen. An Palästen ist Genua wirklich reich; sie gleichen marmornen Schmuckkästchen mit ihren prunkhaften Vorhallen und Säulenhöfen, die reich mit Bildhauerarbeit verziert sind; die Straßen oder vielmehr Gassen sind meist eng und unscheinbar. An ihren beiden Seiten reihen sich hohe Häuser von 6 bis 8 Stockwerken aneinander, welche zum Teil alt sind und keinen schönen Anblick gewähren. Infolge ihrer ungeheuren Höhe machen die Häuser die Straße dunkler, was auch nicht wenig dazu beiträgt, dem ganzen Straßenbild ein düsteres, unsauberes, unfreundliches Aussehen zu verleihen. Viele Straßen sind treppenartig gebaut und führen zu den höher liegenden Stadtteilen hinauf – natürlich sind sie unfahrbar. Überall aber herrscht ein ungeheures Leben, ein buntes Durcheinander von Menschen, ein Gedränge, ein Wirrwarr, daß es schon eine gewisse Geschicklichkeit und Kunst erfordert, durch dasselbe seinen Weg zu finden. Die Lastträger mit einem kurzen Beinkleid von gestreiftem Segeltuch, die Matrosen mit blauen Hemden und breiten Kragen, die Verkäufer mit allerhand Waren, die sie laut ausrufen, die Frauen mit schwarzem üppigem Haar und dunklen leuchtenden Augen, ihre Schönheit durch weiße wallende Schleier noch mehr erhöhend, nebenher die schneidigen, diensteifrigen Kavaliere und hie und da die recht unschneidigen, unbeholfenen Reisenden in ihren grauen Jacken, die dieses Straßenbild ansehen und zu denen wir vielleicht auch gehörten... alle diese Gestalten bilden zusammen ein großes Menschengewühl, welches gegen Abend sogar noch größer wird.

Es hatte bereits Mitternacht geschlagen, als wir wieder nach unserm Hôtel zurückkehrten, aber die Straßen waren noch immer mit Menschen gefüllt.

XV.
Mailand.

Am 16. Mai früh 8 Uhr brachen wir von Genua auf und kamen nach einer prächtigen Fahrt von vier Stunden, auf der wir mehrere große und kleine Tunnel passierten, in Mailand an. In unserer Gesellschaft befand sich der oben erwähnte deutsche Herr, sodaß wir auch hier die Stadt unter sachkundiger Führung besichtigen konnten. Wir waren im Hôtel du Nord abgestiegen und gingen dann sogleich in die Stadt hinein. Vor allem andern sahen wir uns den berühmten Dom an, ein Meisterwerk der Baukunst, ja, das wunderbarste, das ich je gesehen habe. Die schönen Glasmalereien an den Fenstern, die Marmorschnitzereien in und außerhalb des Gebäudes, ein ganzes Heer von Bildsäulen, der prächtige Marmorboden der weiten Hallen, hunderte von schlanken Türmchen auf dem Dache u. s. w., dies Werk von Menschenhand übertrifft an Pracht, Großartigkeit und Kunst wirklich alles bisher Gesehene. Wir stiegen bis auf die höchste Spitze des Turmes und sahen zu unseren Füßen die ganze Stadt und die blühende lombardische Ebene liegen. Gar manches ist bereits über diesen Dom geschrieben worden, aber nachdem ich ihn mit meinen eigenen Augen gesehen, muß ich doch sagen, daß es keinem gelungen ist, die wahre Pracht und majestätische Größe dieses Wunderwerkes treffend zu schildern. Lassen wir hier einige kurze Skizzen namhafter Autoren folgen, die zeigen werden, was für Mühe sich mancher gegeben hat, um dieses Wunder aus Marmor zu beschreiben:

»Über den Domplatz kamen wir zum Dom; langsam stiegen wir die schmalen Stufen des Domes hinauf, um zur Höhe des Schiffes zu gelangen. Dann hatten wir noch 900 Stufen, von denen allein 150 Stufen für die Türme sind. Die Treppen winden sich in den einzelnen Seitentürmen hinauf, während die Türme durch offene Galerien miteinander verbunden sind. Auch die Türme sind nach allen Seiten durchbrochen, von jeder Treppenstufe hat man die freie Aussicht über die lombardische Ebene, welche sich, je höher man hinaufsteigt, in einem immer unvergleichlicheren Bilde aufrollt. Die großartigen Einzelheiten des Baues selbst, den die Mailänder mit Recht »das achte Wunder« der Welt nennen, kann man nur im Hinaufsteigen betrachten und bewundern. Nächst der Peterskirche in Rom und dem Dom zu Sevilla ist der Mailänder Dom die größte Kirche in Europa; an Pracht und Reichtum, in ihren äußeren Verzierungen und Statuenschmuck keine von beiden mit ihr zu vergleichen. Der Dom zu Mailand ist mit nicht weniger als 4500 Statuen an seiner Außenseite geschmückt, über dem Dach erheben sich, alle durch in den zierlichsten Arabesken gewundene Galerien mit einander verbunden, 98 gotische Spitzsäulen, jede Säule ist auf ihren einzelnen Pfeilern und auf der Spitze mit einer Statue geschmückt. Ganz oben auf der Spitze des Turmes, der eine Höhe von 335 Fuß hat, thront die kollossale vergoldete Statue der heiligen Jungfrau, der die Kirche geweiht ist. Der ganze Bau in allen seinen Einzelheiten ist von weißem Marmor und unbedingt der großartigste neugotischen Stils, welchen Italien besitzt. Endlich standen wir oben, auf der obersten Galerie, über der durchsichtigen Guglia. Gerade über uns thronte die goldene Statue, deren Fußgestalt wir mit der Hand berühren konnten. Ich blickte zuerst hinab. Ich habe schon manchen hohen Berggipfel erstiegen, denn ich kenne die Alpen in ihrer ganzen Ausdehnung durch Mitteleuropa. Auf wie viele Wälder habe ich von all diesen Höhen herabgeschaut, auf dunkle schwarze Tannenwälder, auf breite rauschende Tannenkronen, auf grüne Buchengipfel, auf breitblättrige Platanen und auf Lorbeer- und Cypressenwälder; von dieser Höhe blicke ich zum ersten Male in meinem Leben auf einen weißen Marmorwald. Hunderte von gotischen Türmen und Spitzsäulen und Tausende von Statuen erhoben rings um mich ihre schneeweißen Häupter...« (Gustav Rasch »Frei bis zur Adria.«)

»Wenn man auf dem Marmordache des Doms von Mailand, etwa 300 Fuß über der lombardischen Ebene, bei heiterem Himmel sich umschaut, welch' ein unvergeßliches Panorama öffnet sich den Blicken! Im gewaltigen Halbbogen umsäumen von Westen nach Norden und Osten die langgestreckten Ketten bedeutsamer Alpenglieder einen Garten, einem Walde gleich, aus dessen Lichtungen tausende und abertausende von Ansiedlungen herabschimmern, die dem Ganzen das Gepräge eines Parkes verleihen... Welch' ein Blick auf die Alpen, welche umfassende Alpenansicht! Schwerlich dürfte ein Punkt der Erde, selbst nicht der indischen Ebene auf die Riesenzinnen des Himalaya, einen ähnlichen umfassenden Überblick, ähnliche Schönheit der Begrenzungslinien darbieten, als dieser ungeheure Halbbogen der südlichen Alpen von diesem eigentümlich schönen Standpunkte. Trunken hängt der Blick an den Linien der Ferne, von welcher sich eine Menge lebensspendender Wasseradern gleich silbernen Fäden durch den grünen Teppich der gesegneten Aue, der Po an ihrer Spitze, hindurchschlängelt. Rings um uns aber ein Wald von Marmortürmchen mit den Tausenden ihrer Bildsäulen, und unter uns das Gewirr der von 180 000 Menschen bewohnten 4000 Häuser, über deren flache Ziegeldächer eine Menge vielgestaltiger Türme emporsteigt, mitten im Brennpunkte eines unvergleichlichen Landschaftsbildes und Völkerlebens.« (K. Müller, »Am

Südabhang der rhätischen Alpen.«)

»Der ganze zauberische Bau ist wie ein Gebet, wie ein Opfer, das alle Zungen und alle Herzen der ganzen Stadt dem Allerhöchsten hier dargebracht haben: ein solch Werk der Begeisterung und der Schönheit tut wohl in der jetzt so vernüchterten Welt. Wie verklärt und veredelt es alles rund um: wie die Flammen der Abendröte auch die geringste Hütte ebenso wie die riesigen Gletscher mit ihrem Purpur bekleiden, so adelt er mit seinem Schwung und seiner Schönheit die ganze Stadt, hält sie zusammen, ist ihr König, auf den sich alles bezieht, auf den man immer wieder die Blicke zu richten sich gezwungen sieht (Fried. Pecht u. Andere)...«

Italienerin.

Nachdem wir den Dom eingehend besichtigt hatten, sahen wir uns die Stadt mit ihrem bunten Straßenleben an. Es fand gerade eine Korsofahrt statt und so hatten wir Gelegenheit, die schönen Mailänderinnen in ihren eleganten

Equipagen, gezogen von stattlichen, wohlgenährten Pferden, bewundern zu können. Alles in allem erschien uns Mailand weit gemütlicher als Genua, und man wird sich daher nicht wundern, daß wir bis spät in die Nacht hinein durch die Stadt und den Park, in welchem eine Militärkapelle durch ihre außerordentlich lebhafte Weise unsere Ohren entzückte, spazieren gingen. Daß die Italienerinnen sehr schön und graziös seien, hatten wir schon vorher gehört, hier aber konnten wir uns davon mit unseren eigenen Augen überzeugen. Besonders gefielen sie durch ihren ungezwungenen leichten Gang und ihr liebliches anmutiges Wesen, noch mehr aber durch ihre feurigen, funkelnden schwarzen Augen, die zusammen mit den schwarzen wallenden Haaren und der milchweißen Haut einen reizenden Anblick darboten. Wenn auch Salomo gesagt hat: »Lieblich und schön ist Nichts« und Claudius: »Ein Ding, das in sich keinen Wert hat, das nur kurz währet, das im Hause nicht sonderlich nützt und nicht eigentlich Liebe macht, so ein Ding ist die Schönheit, mehr ist sie nicht, und Ihr müßt mir nicht böse sein, Ihr schönen Mädchen, daß sie nicht mehr ist« – so stimmte ich doch beim Anblick dieser schönen Gestalten mehr den Worten Schillers bei, der da sang:

»Zürne der Schönheit nicht, daß sie schön ist, daß sie verdienstlos
Wie der Lilie Kelch prangt durch der Venus Geschenk;
Laß sie die Göttliche sein, du schaust sie, du bist der Beglückte,
Wie sie ohne Verdienst glänzt, so entzücket sie dich.«

So sehr Italien einerseits durch seine herrliche Natur und Kunst unser Gefallen erregte, so sehr hat uns leider andrerseits ein Teil seiner Landeskinder durch ihre allzugroße Gewinnsucht und geschäftliche Verschmitztheit Verdruß bereitet. Ich hätte davon am liebsten geschwiegen, jedoch mit Rücksicht auf die vielen Landsleute, die noch nach uns dieses schöne Land besuchen und durchreisen werden, halte ich es für meine Pflicht, diesen unerfreulichen Punkt hier zur Sprache zu bringen. Um ein Beispiel anzuführen, so wurden wir fast überall, wenn wir Einkäufe machten, Sehenswürdigkeiten besuchten oder sonst etwas unternahmen, ungeheuer übervorteilt, und da die meisten der Italiener außer ihrer Muttersprache kein Wort verstanden oder verstehen wollten, mußten wir, weil wir ihrer Sprache nicht mächtig waren, immer den Kürzeren ziehen. Einmal mußten wir z. B. für zehn Stück Zigarren, die wir im Hôtel durch den Kellner bringen ließen, den geradezu enormen Preis von 30 Franks erlegen; ähnlich war es überall, sodaß wir fast immer Unannehmlichkeiten hatten, wenn es ans Bezahlen ging. Nichts von warmer Gastfreundlichkeit und wohltuender Liebenswürdigkeit, welche die unkundigen, von dem äußersten Zipfel der Erde kommenden Fremdlinge so sehr erfreut haben würden! Italien, dieses an Natur und Kunst so schöne und reiche Land, wäre doch im wahren Sinne des Wortes nur dann schön und reich zu nennen, wenn auch der Charakter vieler seiner Landeskinder etwas von diesen Eigenschaften offenbarte... meinten wir. Und doch sollte man glauben, daß eben dieses Volk am meisten Ursache hätte, den Fremden, die das Land besuchen, freundlich und rücksichtsvoll entgegenzukommen, denn diese bringen bei ihrer großen Zahl jährlich recht ansehnliche Summen Geldes in das Land. Die Freude am Schönen wird jedem sehr leicht verdorben, wenn ihm fortwährend Unannehmlichkeiten in den Weg kommen; nur da, wo freundliche Menschen anderen ein fröhliches und aufrichtiges Entgegenkommen bezeigen, wird man sich wohl und glücklich fühlen. Hoffen wir, daß sich auch dieses Volk im Laufe der Zeit zu seinem Vorteil verändern werde, daß es seine unveräußerlichen Güter, die Schönheiten der Natur und der Kunst, durch eigene seelische Vorzüge erst wirkungs- und wertvoller machen lerne! Da auch unser Land den Ruf hat, ein herrliches Land der Künste wie der Natur zu sein und da es auch von so vielen Reisenden aus aller Herren Länder besucht wird, so mögen die Japaner das italienische Volk nicht zum Vorbilde nehmen, sondern im Gegenteil danach streben, ihre edlen Tugenden, wie die Gastfreundlichkeit, Höflichkeit, Opferfreudigkeit u. s. w., die ihnen ja eigen sind, noch weiter zu entwickeln, damit jeder, dessen Fuß einmal ihr Land betritt, in frohem Entzücken ausrufen möge: »Ach, wie ist es hier doch so schön!«

Wir wollten uns von Mailand noch nach Venedig begeben, aber da wir dem italienischen Volke nach dem eben Gesagten kein allzu großes Interesse mehr entgegenbrachten, so zogen wir es vor, direkt nach Berlin zu fahren. Am 17. Mai früh ½8 Uhr waren wir also auf dem Bahnhof, um den Zug zu besteigen. Dieser war jedoch schon überfüllt, wenigstens die eine Hälfte desselben, die direkt nach Deutschland durchfährt, sodaß wir nur mit Mühe ein Unterkommen darin finden konnten. Da bemerkte ich auf einmal, daß einige von uns in der anderen Hälfte des Zuges, die nicht nach Deutschland fuhr, Platz genommen hatten; ich erschrak, stieg hurtig aus, rannte hin und her, fand sie endlich heraus und nur mit knapper Not kamen wir, eng aneinander gedrückt, in einem Coupé unter. Aber o weh! In diesem großen Gedränge und in der Aufregung hatten wir unsere Koffer vollständig außer acht gelassen und da wir keine Zeit mehr hatten, mußten wir sie alle stehen lassen. Was tun? In dieser schlimmen Verlegenheit fiel glücklicherweise mein Blick auf Herrn Erdmannsdörffer, der uns freundlichst bis nach dem Bahnhof begleitet hatte. Ich hatte kaum Zeit, ihm durch das Fenster schnell von dem Vorgefallenen Mitteilung zu machen, worauf er mir versprach, daß er die Koffer direkt nach Berlin nachsenden werde. Diesem Herrn waren wir schon für seine Begleitung und Führung in Genua und Mailand zu großem Dank verpflichtet, und nun erwies er uns noch diesen Dienst! Sicherlich ein besonderes Glück für uns, denn ohne ihn wäre unser Gepäck wahrscheinlich verloren gegangen.

Der kurze Aufenthalt in Italien war somit ein recht mühsamer und die Abfahrt von Mailand der aufregendste Teil der ganzen Reise von Japan nach Deutschland gewesen, namentlich für mich, der ich sämtliche Besorgungen für all meine Landsleute allein übernommen hatte und daher auch die geschäftlichen Unannehmlichkeiten am meisten empfinden mußte. Aber in der frohen Hoffnung, daß wir nach ca. dreißig Stunden Berlin, unser letztes Ziel, erreichen würden, fuhren wir, eng gepreßt zwar – es war ja auch ein Ex-Preßzug! – aber doch getrost ab. An der Grenze Italiens und der Schweiz hatten wir abermals eine Zollrevision, jedoch verlief dieselbe sehr schnell, weil ja unser Gepäck in Mailand stehen geblieben war.

XVI.
Fahrt durch die Schweiz.

Auf der Reise von Mailand nach Berlin kamen wir durch die schöne Schweiz. Das Wetter war herrlich und vom Fenster unseres Coupés erblickten wir zu beiden Seiten die herrlichen Alpenlandschaften. Bald ging die Fahrt über Höhen, bald durch Täler, oben sahen wir auf dem Gipfel die schneebedeckten Häupter der Bergriesen, unten die weitgestreckten Wiesen mit den Obstbäumen im zauberhaften Blütenschmuck. Die grünen Matten unten am Fuße und die weißen Gipfel oben in den Höhen machten einen geradezu imposanten Eindruck auf uns. Der Zug fährt immer weiter. Mit jeder Minute verändert sich die Landschaft: große Felsblöcke, die über unseren Häuptern herunterhingen, reißende Flüsse und Bäche, Wasserfälle, große und kleine Seen, von Sennerinnen bewohnte Alpenhütten, die vereinzelt auf ziemlicher Höhe liegen, wohlgenährte Kühe mit ihren Glocken, die zahlreich auf den Matten weideten und deren Geläut unseren Ohren wie liebliche Musik ertönte – alles dieses machte auf uns einen unvergeßlichen Eindruck. Von der großen Naturschönheit der Schweiz hatten wir schon oft viel Rühmenswertes gehört, nun sahen wir diese Schönheiten vor unseren Augen ausgebreitet und überzeugten uns, daß sie mit Recht zu den größten Europas gezählt werden. Ich hatte manchmal daran gedacht, einen Vergleich zwischen der Natur dieses Landes und der unserer Heimat anzustellen, aber jetzt, nachdem ich alles selber angeschaut habe, bin ich zu dem Schluß gekommen, daß beide Länder eigentlich gar nicht mit einander verglichen werden können, denn im großen Ganzen sind unsere Naturschönheiten idyllischer und lieblicher Art, während diejenigen der Schweiz romantischer und großartiger sind. Natürlich kann ich noch kein richtiges und abschließendes Urteil abgeben, da ich die Schweiz nur vom Fenster des Zuges aus während der Fahrt gesehen habe. Im stillen aber gelobte ich mir, später einmal, wenn es die Zeit irgend erlaubt, eine Schweizerreise zu unternehmen, um die Natur dieses Landes genauer zu studieren, und meine damaligen Pläne verwirklichten sich denn auch.

Felspartie am St. Gotthard.

Im Coupé war es sehr angenehm, es war selbstverständlich noch geheizt. Als wir den berühmten St. Gotthard-Tunnel passierten – die Durchfahrt dauerte ungefähr 15 Minuten – aßen wir gerade im Speisewagen zu Mittag, wobei wir nicht versäumten, uns den bekannten Schweizer Wein und Käse vorsetzen zu lassen. Gegen Abend schon langten wir in Stuttgart an. Hier nahmen wir im

Schlafwagen Platz, in welchem wir eine ganz behagliche Nacht verbrachten.

Am 18. Mai vormittags ½10 Uhr trafen wir wohlbehalten in Berlin auf dem Anhalter Bahnhof ein, wo wir von mehreren Landsleuten erwartet wurden. Als wir unter den herzlichsten Glückwünschen unserer Landsleute einander die Hände drückten, überkam uns ein recht angenehmes, freudiges Gefühl bei dem Gedanken, endlich die Hauptstadt des Deutschen Reiches betreten zu haben, wo wir nun für längere Zeit unser Heim aufschlagen sollten. Wir nahmen eine Droschke und fuhren in das Hôtel Bellevue am Potsdamer Platz, in dem wir einstweilen absteigen wollten. So war die lange große Reise glücklich überstanden und unser Ziel erreicht!

XVII.
Die ersten Eindrücke in Berlin.

In Folgendem will ich versuchen, einiges von dem niederzuschreiben, was mir in den ersten Tagen meines Berliner Aufenthaltes besonders aufgefallen ist. Selbstverständlich mußte vieles meinen an europäische Verhältnisse nicht gewöhnten Augen fremd erscheinen, wodurch vielleicht meine Auffassung beeinflußt wurde. Es darf dies jedoch nicht in Frage kommen, da mir eben daran liegt, eine individuelle Schilderung meiner ersten Eindrücke und Empfindungen wiederzugeben. Einem Fremdling, der mehrere tausend Meilen von Osten hierher kommt und vom Schiff aus durch die Bahn direkt in die Mitte der großen Weltstadt getragen wird, muß vieles wie ein Wunder vorkommen und er wird Dinge und Menschen ganz anders betrachten, als ein Einheimischer.

Wie jedem Fremden, erging es auch mir, der das westeuropäische Leben und Treiben nur vom Hörensagen und aus Büchern kannte. Meine Spannung hatte natürlich den höchsten Grad erreicht, als ich nach der langen Reise in Berlin auf dem Anhalter Bahnhof ankam, empfangen von mehreren landsmännischen Freunden. Eine innere Genugtuung erfüllte mich nach der unendlichen Fahrt. Die zehntausend tapferen Griechen können das Meer mit ihrem »Thalassa«-Rufe nicht freudiger begrüßt haben, als ich mein Endziel: die Kaiserstadt Berlin! Hier sollte ich endlich zur Ruhe kommen, denn Berlin sollte für längere Zeit meinen Aufenthalt bilden. Ich war freudig überrascht, daß ich vom ersten Augenblick an dasjenige, was ich von dem deutschen Volk schon in Japan gehört, gedacht und gelesen hatte, vollkommen bestätigt fand, worüber ich später eingehend zu schildern gedenke.

Vom Anhalter Bahnhof fuhr ich zum naheliegenden Potsdamer Platz, an dem das Hôtel Bellevue liegt, woselbst ich Wohnung nahm. Der Potsdamer Platz, in dem sich einige mächtige Arterien des Berliner Lebens einigen, bietet mit seinem riesigen Verkehr – wie ich mir erzählen ließ, soll er ein Kreuzpunkt von vielen Dutzenden elektrischer Straßenbahnlinien, sowie von kolossalen Menschenmengen sein – einen wahrhaft verblüffenden Anblick.

Reinigungsmannschaften.

Was mir zuerst auffiel und mich angenehm überraschte, war die peinliche Sauberkeit und Gleichmäßigkeit der Straßen, die aus dem Fahrdamm und den zu beiden Seiten laufenden Bürgersteigen (Trottoirs) bestehen. Die Straßen sind ohne Ausnahme gepflastert oder asphaltiert und sehr breit, an beiden Seiten mit Bäumen geschmückt und mit Gasbeleuchtung oder elektrischem Licht versehen. Die Straßen werden so sauber gehalten, wie ein Hausflur oder eine Stubendiele; überall, wohin man blickt, sieht man die uniformierten Straßenreiniger ihrer Beschäftigung nachgehen und mit Gummischiebern den Asphalt abwaschen, mit Besen und Schippe den Straßendamm reinigen. Große Sprengwagen liefern das Wasser zur Reinigung, kleine Handwagen beseitigen den Kehrricht, und so greift eines ins andere, um eine wirklich ideale Straßensäuberung mit unglaublicher Geschwindigkeit herbeizuführen. Es kann daher kein Wunder nehmen, daß diese Reinlichkeit auch auf die Luft in sanitärer Beziehung vorzügliche Wirkungen ausübt und zum Gesundheitszustand Berlins viel beiträgt.

Andererseits war es mir ein wahrer Genuß, in den sauberen Straßen spazieren zu gehen, ohne fürchten zu müssen, sich schmutzige Kleider oder Stiefel zu holen. Unwillkürlich stellte ich einen Vergleich zwischen meiner Heimat und Berlin an, der sehr zu Ungunsten der ersteren ausfiel, wenn ich an den Zustand unserer heimatlichen Straßen und Wege dachte, von denen sich manche noch im Naturzustand befinden, so daß man bei Regenwetter nicht ohne gehörigen Schmutz wegkommt. Und dabei drängte sich mir auch der Gedanke an die oft in letzter Zeit in Japan auf die Tagesordnung gebrachte Frage der Reform unserer Frauenkleidung auf. Nach dem, was ich hier gesehen habe, möchte ich nur meine Ansicht wiederholen, daß die Straßen in gewissem Zusammenhang mit der Reform der Kleidungstücke stehen, daß zuerst unsere Straßen und Wege verbessert werden müßten, bevor an die Kleiderreform gegangen werden kann. Also in allererster Linie die Straßenreform, ohne die eine Kleiderreform, speziell hinsichtlich der Damenkleidung, illusorisch sein würde.

Berlinerin.

Zu beiden Seiten der Berliner Straßen reihen sich die regelmäßig aufgebauten Häuser aneinander, alle ohne Ausnahme massiv aus Stein erbaut und fast sämtlich 4-5 stöckige Neubauten in modernem Stil. Ein Beweis, daß Berlin im Vergleich zu anderen Großstädten, wie London, Paris oder Wien, noch eine jungaufblühende, im Wachstum begriffene Stadt ist. Während bei uns die Häuser sich in mannigfaltiger Aufführung und Gestalt zeigen und manche noch ihren villenartigen Charakter bewahren, sind die

Bauten in Berlin ziemlich gleichförmig, wie nach einer Schablone errichtet. Ein Haus ähnelt im Großen und Ganzen dem andern und fast an allen sieht man Balkone und Verzierungen aller Art, ohne daß sie dadurch in ihrer Einförmigkeit beeinträchtigt werden. Was mir an den Gebäuden ganz besonders in die Augen fiel, war der Umstand, daß fast alle Häuser nur nach der Vorder- und Hinterfront Fenster besitzen, während an den Giebelseiten – sofern zwei Häuser nicht dicht zusammengebaut sind – bloß glatte Mauerwände zu sehen sind. Es könnte dies einerseits damit zusammenhängen, daß infolge des unmittelbaren Nebeneinanderstehens der Häuser keine Fenster angebracht werden können; andererseits würde die Ursache darin zu suchen sein, daß man hier bei Bauten an den Winter denkt, wie es ja bei uns den Anschein hat, als ob unsere Häuser für den Sommer errichtet wären, weil sie – wenn irgend möglich – nach allen Seiten mit vielen Fenstern ausgestattet sind und dadurch viel luftiger und heller erscheinen. Jede dieser Bauarten dürfte ihre Vorteile und Nachteile haben. Sind die Gebäude bei uns heller, so sind dieselben hier wärmer, erscheinen die unsrigen luftiger und leichter, so sind die hiesigen solider und massiver.

Beim Durchwandern der Berliner Straßen, die Kleidung der Passanten betrachtend, machte ich die Wahrnehmung, daß Männer und Frauen fast durchweg schwarze oder graue Kleidung tragen, sodaß man wohl behaupten könnte, diese beiden Farben seien vorherrschend Straßenfarben. Bunte Gewänder werden meistens vermißt; die Farbenpracht auf der Straße, wie man sie bei uns findet, scheint hier fast gänzlich zu fehlen. Vielleicht sind sie doch im Sommer anzutreffen. Was ich noch vielfach bemerkt habe, ist, daß die Berliner Damen lange Schleppen lieben und mit ihnen die Straßen durchschreiten. Ich wünschte, daß die Schleppen ein bischen kürzer oder die Beine ihrer Besitzerinnen ein bischen länger wären! Am Ende habe ich doch anerkennen müssen, daß die langen Schleppen nebenbei zur Polierung der Straßen geschaffen sind. Jedenfalls haben sie mir nach dem Regenwetter auf den Straßen einen recht appetitlichen Eindruck gemacht.

Jung-Berlin.

Männer wie Frauen durcheilen hier die Straßen sehr geschäftig und scheinen keine Zeit übrig zu haben, um an die Ausschmückung mit farbenprächtigen Toiletten zu denken. Jeder strebt seinem Ziele zu. Nur selten sieht man Leute, die ziellos die Straßen durchschlendern; jeder geht festen Schrittes einher, und einer eilt – mit Ausnahme von einigen Straßen wie die Friedrichstraße und Unter den Linden – an dem andern vorüber, ohne sich um ihn zu kümmern. Bei allen macht sich der Grundsatz bemerklich: »Zeit ist Geld«. Sogar die Jugend hastet oft rasch dahin; bewundernswert ist die Frühreife und Selbständigkeit der Berliner Kinder, die, wie ein Volkswort sagt, sich nicht die Butter vom Brot nehmen lassen. Sechs- wie siebenjährige Knaben und Mädchen schwingen sich gewandt auf die

Waggons der Straßenbahnen, überschreiten mit merkwürdiger Ruhe die schlimmsten Straßenpassagen und benehmen sich in der Stadtbahn genau so wie die Großen, die Türen der Wagen im Fluge öffnend und schließend. In gewissem Sinne berühmt wegen ihrer schlagfertigen Antworten, die sie Niemandem schuldig bleiben, sind die Berliner Lehrlinge, namentlich des Schusterhandwerks; aber ihnen mag auch mancher Witz in die Schuhe geschoben werden, der auf das Conto von Angehörigen anderer Berufszweige zu setzen ist.

Berliner Schusterjunge.

Eine besonders bemerkenswerte Erscheinung ist, daß man auf den Berliner Straßen weit mehr Frauen sieht, als bei uns, ja, man könnte wohl sagen, man begegnet hier mehr Frauen als Männern, es ist also gerade das Gegenteil von unserem Straßenbilde. Daß die Männer außerhalb des Hauses, die Frauen im Hause ihren Pflichten und Arbeiten nachgehen, scheint hier im allgemeinen nicht der Fall zu sein. Ich hatte schon in Japan gehört, daß es hier viele selbständige Frauen gibt, d. h. solche, die sich selbst ernähren und regelmäßige

Beschäftigungen haben wie Männer. Davon habe ich mich wirklich überzeugt. Das Arbeitsgebiet der Frauen scheint hier ein ziemlich großes zu sein, und offenbar hat man hier dem zarten Geschlecht viele Berufszweige geöffnet, sodaß sich ihre Zugehörigen ihre Selbständigkeit bewahren können. Allerdings scheint die Selbsthilfe der Frauen, wie mir mitgeteilt wurde, auf die Zahl der Ehen in verminderndem Sinne einzuwirken. Ob dieser Umstand die Menschheit zur Seligkeit führt, ob sie dadurch ihre Ideale verwirklicht sieht, lasse ich dahingestellt sein. Die Frauenfrage und Frauenbewegung, die auch bei uns bereits ihre Wurzeln geschlagen haben, ist hier, wie ja überall, eine der brennendsten sozialen Fragen, auf die ich an dieser Stelle nicht näher eingehen kann.

Daß die Frauen hier viel mehr arbeiten, als bei uns, ist eine durchaus lobenswerte Tatsache, die schon an ihrem Äußeren, in ihrem Gang und Wesen und in ihrem starken Körperbau ersichtlich ist. Nicht selten hörte ich auf der Straße hinter mir feste Schritte und glaubte anfangs, sie rührten von einem Soldaten her; zu meinem nicht geringen Erstaunen mußte ich jedoch bemerken, daß dieser vermeintliche Soldat, als er an mir vorüberschritt, eine Dame war! Man kann hieraus entnehmen, mit welchen derben Füßen die Damen hier auftreten. Im allgemeinen habe ich gefunden, daß die deutschen Damen alle ziemlich fest einherschreiten.

Wie ich mir sagen ließ und selbst bemerkt habe, legt man in Deutschland auf die körperliche Erziehung beider Geschlechter sehr viel Wert. Tatsache ist es, daß die Menschen hier im allgemeinen größer sind, als unsere Landsleute. Es liegt allerdings wohl schon in der Rasse, aber auch die körperliche Pflege dürfte zweifellos nicht wenig zur Erzielung einer kräftigen, gut entwickelten Menschengattung beitragen. Die durchschnittliche Größe der Deutschen ist aber Gott sei Dank nicht so bedeutend, wie ich sie mir daheim vorgestellt hatte. Ich hatte nämlich geglaubt, daß ich in Deutschland als ein Zwerg unter Riesen erscheinen müsse. Dem war jedoch glücklicherweise nicht so: als ich sah, daß es hier auch kleinere Menschen gibt wie ich und als ich dann bemerkte, daß ich noch nicht zu den kleinsten gehörte, fühlte ich mich sehr beruhigt. Die Deutschen sind auch im Großen und Ganzen korpulenter als die Japaner. Ich wurde wirklich manchmal durch kolossale Exemplare überrascht, die nicht selten wandelnden Bierfässern gleichen. Besonders sind mir unter der Damenwelt viele »gewichtige« Figuren aufgefallen; einzelne von ihnen hatten eine solche Mächtigkeit, daß sie sich kaum fortbewegen konnten. Wie mir zu Mute ward, als ich zum ersten Mal mit der Straßenbahn fuhr und unglücklicherweise an der Seite eines solchen Kolosses in die Ecke gedrückt sitzen mußte, kann man sich wohl vorstellen.

Aus unseren neuesten schulhygienischen Mitteilungen ist ersichtlich, daß die Körperlänge unseres jüngeren Geschlechtes, namentlich beim weiblichen, im Zunehmen begriffen ist, seitdem man für die körperlichen Übungen, besonders in den Schulen, mehr Sorge getragen hat und im modernen Leben Tische und Stühle verwendet. Ich empfehle meinen Landsleuten körperliche Pflege und Bewegung auf das energischste und rate ihnen entschieden das Hocken auf den Matten ab.

Schutzmann.

Von allem, was ich hier in den ersten Tagen meiner Ankunft gesehen habe, hat mir der riesige Verkehr am meisten Bewunderung abgerungen. Die neuen Verkehrsmittel in Berlin sind geradezu phänomenal. Straßenbahnen, Stadtbahnen, Hoch- und Untergrundbahn, Omnibusse, Droschken, Automobile, Fahrräder und noch vieles andere, all diese Fahrgelegenheiten durchkreuzen die Stadt nach sämtlichen Richtungen und machen das Straßenleben ungeheuer lebhaft.

Viel Zeit.

In den unter sorgsamster polizeilicher Aufsicht stehenden verkehrsreichsten Straßen, wie z. B. der Friedrichstraße, war es mir oft kaum möglich, meinen Weg durch die Menschenmenge zu finden. Anfangs glaubte ich, diese Menschen strömten aus irgend einem besonderen Anlaß herbei, aber dem war nicht so, denn bis spät in die Nacht ging es hier so zu. Es könnte fast scheinen, als ob die meisten dieser Passanten keinen besonderen Lebenszweck hätten, aber man muß berücksichtigen, daß ein großer Teil davon – wie man mir mitteilte – nicht Berliner, sondern

Fremde sind, die sich des Vergnügens wegen hier aufhalten. Wie in einem Kaleidoskop sind hier alle Arten von Menschen zusammengewürfelt: geschniegelte und gebügelte Männer mit Cylinder, geschminkte Weiber in auffallender Kleidung, schneidige Offiziere, vornehme Damen, Studenten in ihren Couleurmützen, Landleute mit ihren kerngesunden, geröteten Gesichtern, Provinzler, Straßenhändler, Zeitungs- und Blumenverkäufer u. a. m., alles strömt hier bunt durcheinander und macht auf uns Ausländer einen ganz eigenartigen Eindruck.

Eins von den eigentümlichsten Straßenbildern, das man bei uns nie zu sehen bekommt und uns viel Spaß macht, ist auch der Hundehändler. Sie stehen an der Seite der Straße, halten ein paar junge Hündchen auf den Händen oder führen größere Hunde an der Leine und bieten sie den Vorübergehenden feil. Ich weiß nicht, ob sie mit diesem neuen Berufszweige gute Geschäfte machen oder nicht, kurz und gut, sie üben auf uns eine drollige Wirkung aus. Noch eine andere eigentümliche Erscheinung auf der Straße bilden die Soldaten mit ihren »Herzallerliebsten« an der Seite – auch ein possierlicher Anblick, den man bei uns nicht hat. Ich habe oft beobachtet, wie ein solcher Vaterlandsverteidiger Hand in Hand oder Arm in Arm mit seinem Schatz durch die Straßen wandelte oder dem Tanzboden zusteuerte. Ich hatte immer geglaubt, die deutschen Soldaten, die durch ihre Tapferkeit und Disziplin so weltberühmt sind, würden sich solche Dinge nicht erlauben, aber vielleicht tut es ihrem Ansehen keinen Abbruch. Jedenfalls mutete es mich in der ersten Zeit seltsam an, weil, wie gesagt, solch' öffentliche Liebeleien bei unseren Marssöhnen nicht Mode sind.

Ein Hund gefällig?

Militärische Annäherung.

Was dann meine Augen besonders in den Hauptstraßen Berlins entzückte, das sind die großartigen Schaufenster der Geschäfte. Die Dekoration, die Zusammenstellung und der Aufbau der Waren verraten wirklich eine große Kunst. Die Schaufenster gewähren einen äußerst einladenden Anblick, wie sie überhaupt ein großartiges Aushängeschild für das Kaufhaus selbst bedeuten. Wenn ich vor einem solchen schöndekorierten Schaufenster stand, wandelte mich stets die Versuchung an, in das Geschäft zu gehen und mir irgendwelche schöne Sachen zu kaufen. Sämtliche Gegenstände sind so bequem und gut zurechtgelegt, daß man mit einem Blick sofort übersehen kann, was in dem betreffenden Laden zu haben ist. Bei uns liegen die Verhältnisse ganz anders. Da werden die Waren der größeren Geschäfte gewöhnlich im Magazin aufbewahrt und werden erst mühsam einzeln auf Verlangen des Käufers hervorgeholt. Entschieden ist die hiesige Art und Weise unseren Geschäftsleuten sehr zu empfehlen; ich bin fest überzeugt, daß sowohl das Publikum, wie die Geschäftsinhaber bei der neuen, auf Berliner Art eingeführten Ordnung ihre Rechnung finden werden.

In einem Restaurant Unter den Linden.

Der größte Teil der hiesigen offenen Läden besteht aus Restaurants, Gastwirtschaften und Destillationen, in denen kolossale Mengen geistiger Getränke, am meisten Bier, vertilgt werden. In zweiter Linie folgen die Cigarrenhandlungen, die fast jede Ecke besetzt halten. Aus dem Übergewicht dieser beiden Geschäftsbranchen läßt sich leicht der Schluß ziehen, daß der Genuß von Bier und Tabak den Deutschen dringendes Bedürfnis ist.

Angenehme Empfindungen erweckten in mir dann die vielen Blumengeschäfte: vor diesen blieb ich mit besonderer Freude regelmäßig stehen, weil sie mich so lebhaft an meine Heimat mit ihrer wunderbaren Natur erinnerten und mich ihr gleichsam näherten.

Was ich dann in jeder Straße zu Dutzenden antraf, sind die Verkaufsläden für Ansichtspostkarten. Ihr Verbrauch soll sich hier auf Millionen beziffern, sodaß sich infolgedessen ein besonderer Industriezweig ausgebildet haben soll, der sich lediglich mit der Anfertigung von Ansichtspostkarten befaßt. Anstatt einen Brief zu schreiben, kauft man hier eine solche Karte, schreibt die Adresse und sendet sie als Lebenszeichen in die Welt. Eine vortreffliche Einrichtung, von welcher ich auch manchen Gebrauch zu machen gedenke, aber nicht aus – Schreibfaulheitsgründen!

Noch eins! Was mir in Berlin in den ersten Tagen recht imponierte, sind die vielen kunstvollen Denkmäler, Statuen, Büsten u. s. w., meist aus Marmor oder Bronze. Überall, wohin man kommt, auf den sogen. Plätzen, in den Parkanlagen, auf den Brücken u. s. w. wird man dieser schönen Verzierungen gewahr, dieser edlen, feinen Kunstprodukte, die wir zu Hause leider noch so sehr vermissen!

Soviel in Kürze! Die ersten Eindrücke, die ich oben im Vorbeigehen geschildert habe, waren für mich als Ausländer aus einer fremden Kulturwelt so überwältigend, daß ich tatsächlich in den ersten Tagen meines Hierseins nicht im stande war, alles richtig zu erfassen; erst später vermochte ich mich mit den verschiedenen Gegenständen eingehend zu beschäftigen. In meinem nur Berlin gewidmeten Buche werde ich auf die zahlreichen Einzelheiten näher eingehen und versuchen, sie der Wahrheit gemäß zu schildern.

XVIII.
Aufruf an unsere Jugend.

Indem ich nunmehr zum Schluß meiner Reisebeschreibung schreite, möchte ich als Resultat meiner Erfahrungen unserer Jugend die Mahnung dringend ans Herz legen: Möge jeder, der es mit seinen Verhältnissen irgend vereinbaren kann, Reisen ins Ausland unternehmen! Ich meine damit natürlich nicht, daß die jungen Japaner ihre Studien aufgeben und ihren Vergnügungen nachgehen sollen – durchaus nicht! Allein unserer Jugend, der männlichen nämlich, mangelt bis jetzt noch immer der Unternehmungsgeist und frische Wagemut, hinauszugehen und fremde Länder und Leute mit ihren Sitten und Gebräuchen aus eigener Anschauung kennen zu lernen. Immer war unser Land seit alter Zeit ein abgeschlossenes Inselreich und erst seit drei Jahrzehnten hat es den Verkehr mit fremden Völkern angebahnt, aber der Riesenfortschritt, den wir in dieser kurzen Zeit gemacht haben, und die dadurch geschaffenen Verhältnisse erlauben nicht mehr, länger zu Hause zu sitzen und angenehm der Ruhe zu pflegen.

Von allem Nutzen abgesehen, den eine Studienreise auf wissenschaftlichen Gebieten gewährt, ist es für junge Geschlechter von großem Wert, wenn sich ihr Blick für alles erweitert und sie sich daran gewöhnen, Gefahren und Zufälligkeiten aller Art zu begegnen. Kommt einem nicht schon durch das Lesen einer Beschreibung aus dem Innern Afrikas oder einer Nordpolfahrt der Gedanke, den kühnen

Forschern nachzuahmen und nicht tatenlos zuzuschauen? Ich will selbstverständlich damit unserer Jugend nicht das Wort zu Abenteuern reden, ihr auch nicht dazu raten, blindlings in die Ferne zu ziehen; ich möchte sie nur dringend mahnen, nicht zu Hause müßig sitzen zu bleiben, sondern auf dem großen Schauplatz der Welt ihre Kraft auf die Probe zu stellen.

In Europa ist es etwas ganz Gewöhnliches, daß selbst königliche Prinzen weite Reisen unternehmen, um einerseits den Wissenschaften zu dienen, andererseits aber ihre Erfahrungen und Kenntnisse zu bereichern. Die Europäer sind überhaupt zu Unternehmungen viel leichter geneigt als wir. Auf meiner Reise durch Europa habe ich nicht selten gefunden, daß sogar junge Damen, ihre geschnürten Bündel und Ränzel selbst tragend, allein in die weite Welt hinausreisten. Oben auf der Höhe der Jungfrau, die ich erstieg, im Reiche des ewigen Eises und Schnees versetzte mich eins noch mehr in Bewunderung als die kolossale Alpenlandschaft, nämlich, daß ich unter den Bergsteigern nicht wenig Vertreterinnen des zarten Geschlechtes erblickte. In dieser schwindelnden Höhe, wohin man nur mit Hilfe von Bergstöcken, Haken und Seilen, sowie an der Hand sicherer Führer gelangen kann, waren Frauen zugegen! Bei uns zu Hause würde dem schönen Geschlecht nie in den Sinn kommen, sich den Strapazen einer derartigen Bergtour auszusetzen. Ob Damen überhaupt derartige Anstrengungen zu empfehlen und zuträglich sind, will ich dahingestellt sein lassen. Aber jedenfalls sprechen solche Vorkommnisse für meine Behauptung, daß Europas Bewohner mehr von einem großen, vor keiner Gefahr zurückschreckenden Unternehmungsgeist beseelt sind als wir.

Darum, japanische Jugend, erwache und gehe kraftvoll und hoffnungsfreudig an die Arbeit! Die Konkurrenz im großen Völkerwettstreit leidet keine Ruhe – und nur dem Mutigen gehört die Welt!

Druck von G. Bernstein in Berlin.

Fußnote

[1] Gu = dumm, En = Garten.

www.ingramcontent.com/pod-product-compliance
Lightning Source LLC
Chambersburg PA
CBHW020924230426
43666CB00008B/1556